Kosmisch

Gary M. Forester

Der menschliche Körper

1 Die Organe

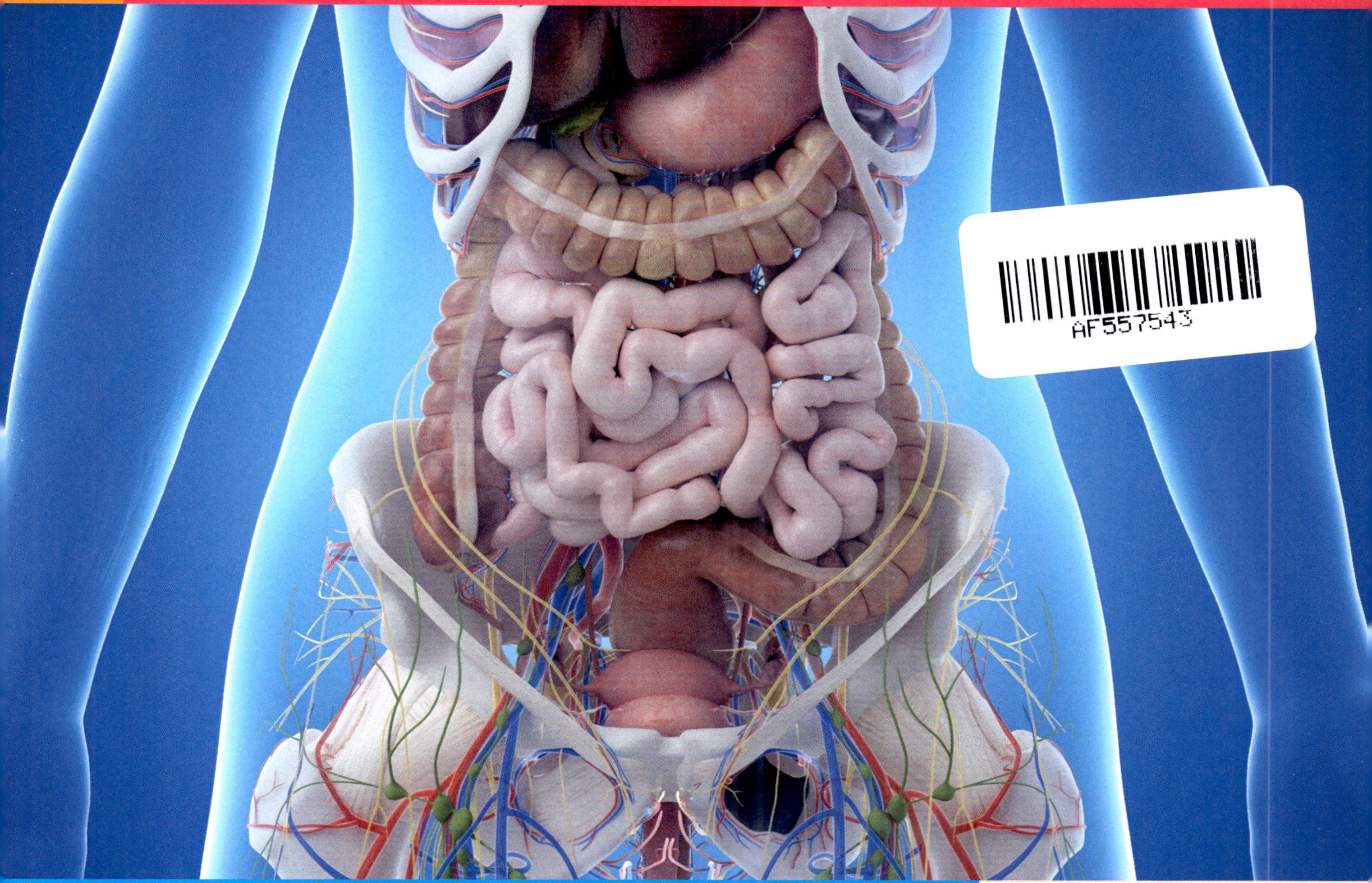

Spielerisch lernen

Farbiges Legematerial

www.kohlverlag.de

Der menschliche Körper

Band 1: Die Organe

1. Auflage 2023

Inhalt: Autorenteam Kohl-Verlag
Umschlagbild: © SciePro – AdobeStock.com
Redaktion: Kohl-Verlag
Grafik & Satz: Tatjana Wörner & Kohl-Verlag
Druck: Druckhaus Flock, Köln

Bestell-Nr. 15 077

ISBN: 978-3-98558-858-9

Bildquellen © AdobeStock.com:
S. 3-40: baluchis, sakedon; **S. 5-30:** Peter Hermes Furian; **S. 31:** pixdesign123, inspiring team, Henrie; **S. 33:** Corona Borealis, Henrie (2x); **S. 35:** SciePro (2x), Henrie; **S. 37:** bilderzwerg, SciePro, nmfotograf; **S. 39:** designua, filins

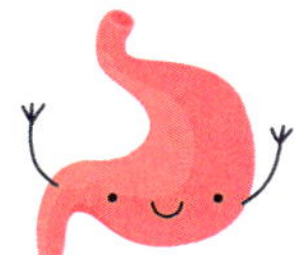

Inhalt

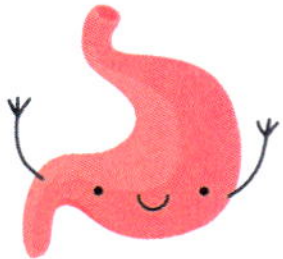

Vorwort

Liebe Kolleginnen und Kollegen,

dieser Band lädt zu einer spannenden Reise durch den menschlichen Körper ein. Wissenswertes über die Funktion der einzelnen Organe und deren Zusammenspiel werden erläutert. Fertig ausgelegt, entsteht ein menschlicher Oberkörper als Vorlage zum Platzieren der doppelseitig bedruckten Legeteile. Die Legeteile stellen die wichtigsten inneren Organe dar bzw. ihre vereinfachten symbolischen „Abbildungen“. Zusätzlich gibt es zu jedem Organ eine Infokarte mit Wissenswertem. Eindrückliche Bilder und erläuternde Texte machen den Lernstoff zugänglicher. Dieses anschauliche Freiarbeitsmaterial eignet sich bestens zur Gruppen- und Partnerarbeit aber auch zum selbstständigen Lernen.

Viel Freude und Erfolg mit diesen Seiten wünscht Ihnen und den Lernenden der Kohl-Verlag.

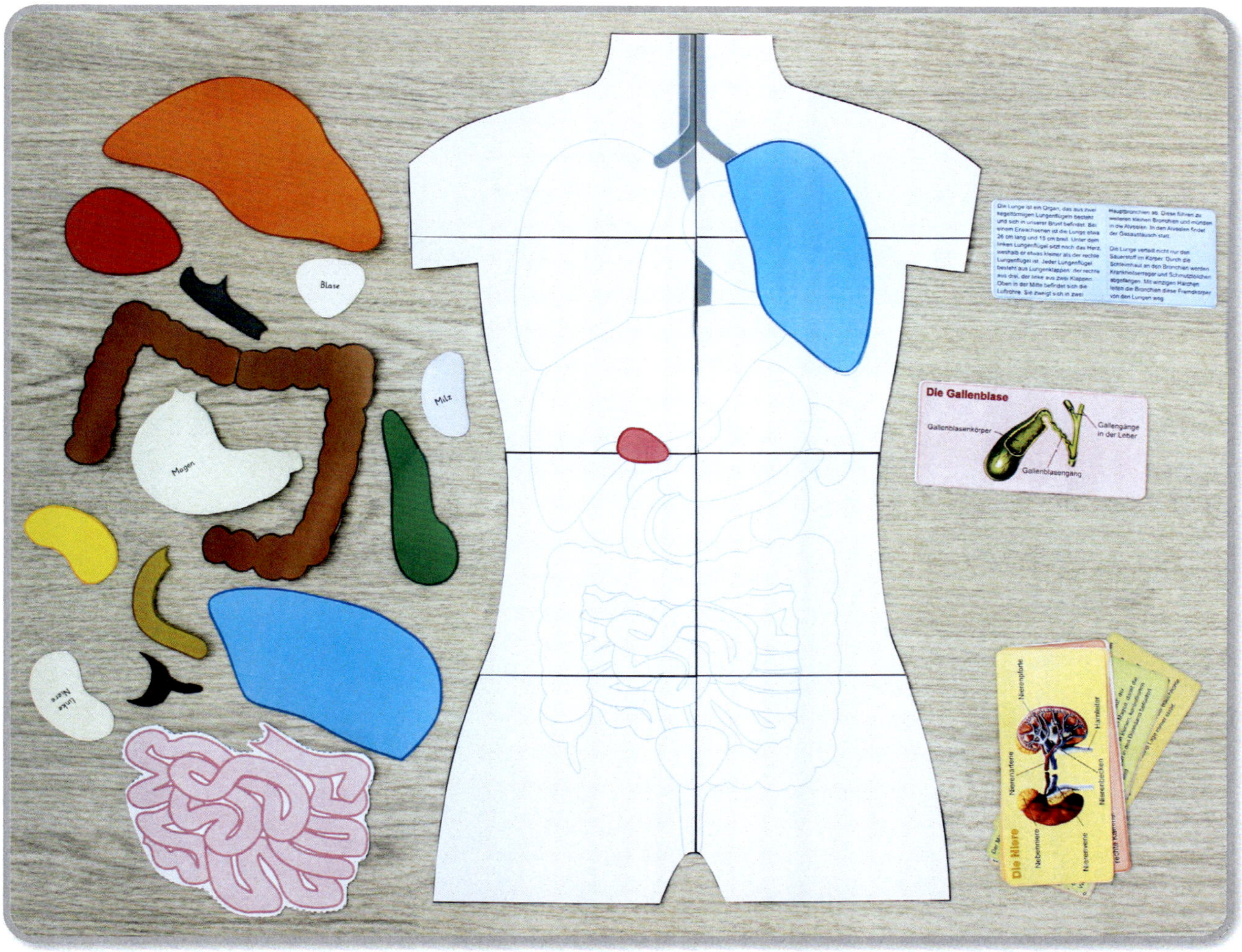

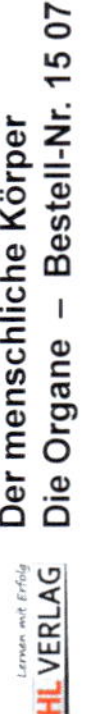

Anleitung

Für den Einsatz des Legematerials bedarf es ein wenig Vorbereitung. Mit der folgenden Schritt-für-Schritt-Anleitung entsteht die Vorlage eines menschengroßen Oberkörpers, 14 Organe als Legeteile sowie ihre dazugehörigen, wissenswerten Infokarten.

Schritt 1: Trennen Sie die Seiten 5–36 aus dem Heft. Laminieren Sie diese und schneiden Sie die Teile aus.

Schritt 2: Legen Sie die Formteile des Körpers (S. 5–20) wie auf dem Bild auf Seite 3 an die richtige Position. Um die Teile passend anzukleben, beginnen Sie von links oben und kleben Sie die unteren Teile nacheinander an. Danach wiederholen Sie den Vorgang auf der rechten Seite. Hierbei werden die Teile nicht nur an die obere Lasche angeklebt, sondern auch an die linke.

Methodisch-didaktische Hinweise

Das Legematerial für die Organe können Sie frei nach ihren Wünschen und Vorhaben einsetzen. Beim Legen der Teile sollte darauf geachtet werden, in welcher Reihenfolge die Organe auf die Vorlage angeordnet werden. Einige Organe befinden sich hinter anderen, weshalb sie zuerst gelegt werden sollten. Hierbei wird die anatomische Orientierung der Schüler*innen spielerisch geschult. Zum Erkennen der Organe befinden sich auf den Rückseiten die passenden Bezeichnungen. Auch dienen die dazugehörigen Infokarten in den jeweiligen Farben, jedoch abgeschwächt, zur weiteren Auseinandersetzung. Auf diesen Infokarten sind realitätsnahe Abbildungen mit Beschriftungen vorhanden und auf den Rückseiten wissenswerte Infotexte.

Kopiervorlage

Teil 1

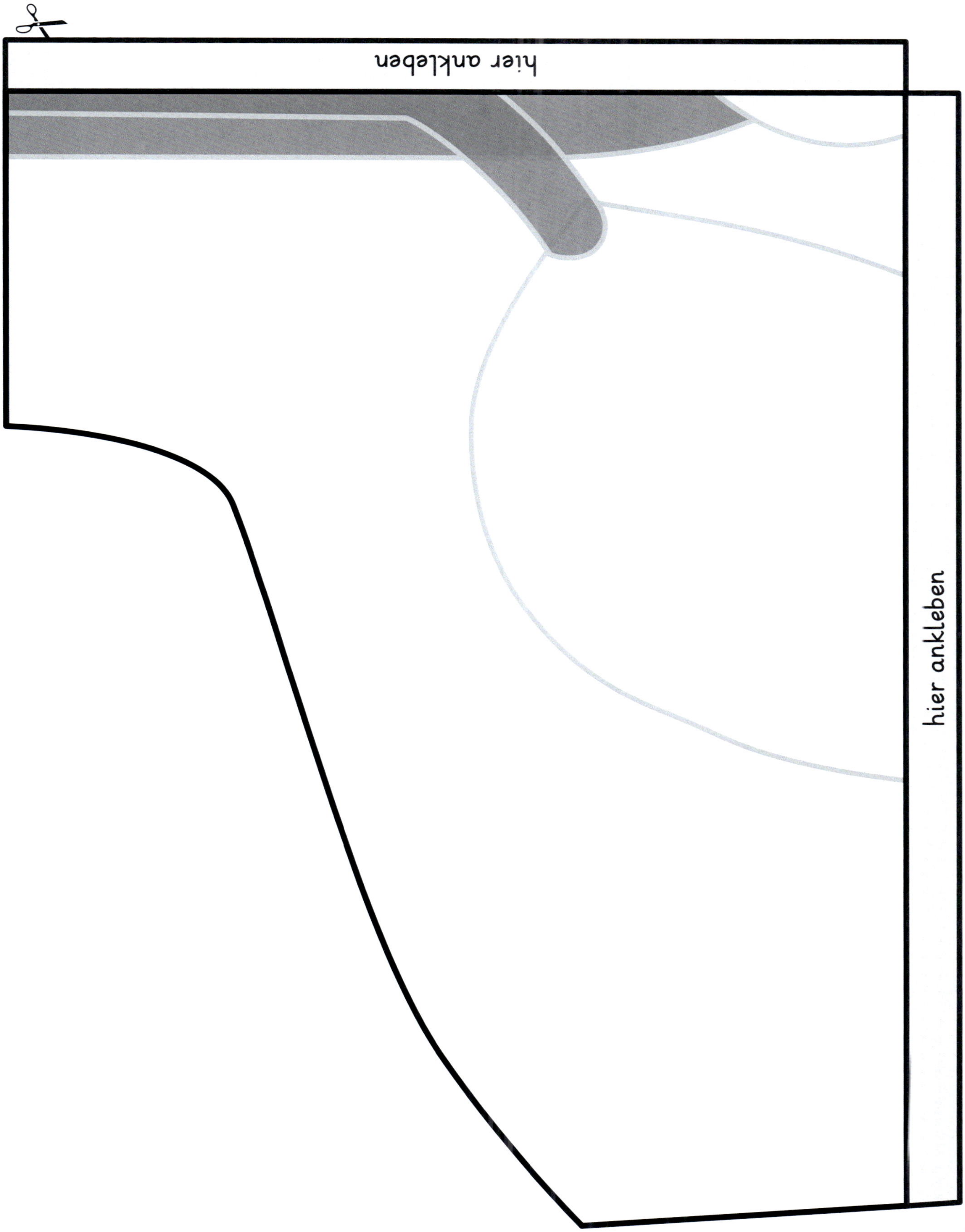

hier ankleben

hier ankleben

KOHL VERLAG Der menschliche Körper Die Organe – Bestell-Nr. 15 077

Kopiervorlage – Rückseite

Teil 1

Lernen mit Erfolg KOHL VERLAG
Der menschliche Körper
Die Organe – Bestell-Nr. 15 077

Kopiervorlage

Teil 2

hier ankleben

Der menschliche Körper
Die Organe – Bestell-Nr. 15 077
KOHL VERLAG

Kopiervorlage – Rückseite

Teil 2

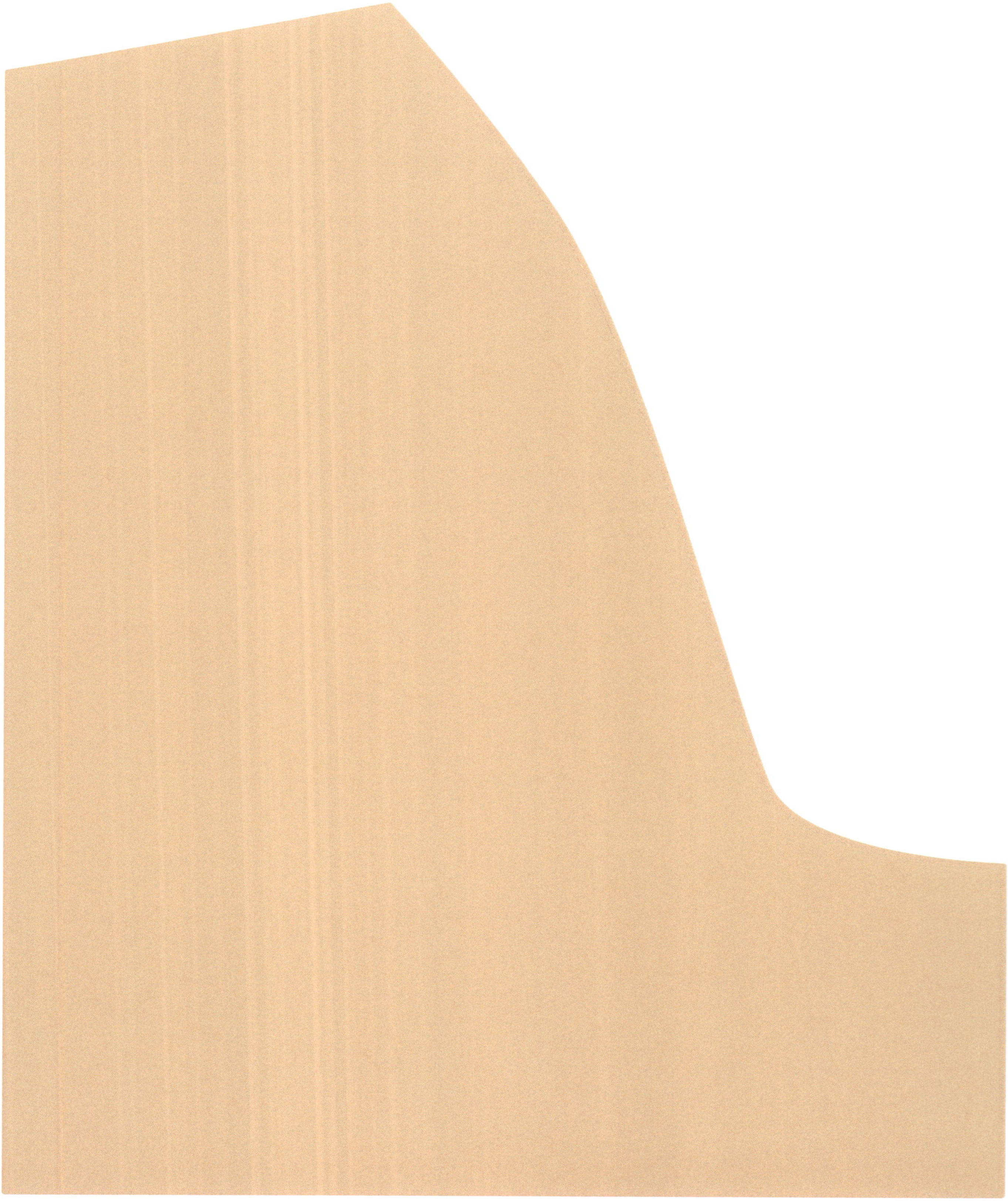

KOHL VERLAG
Der menschliche Körper
Die Organe – Bestell-Nr. 15 077

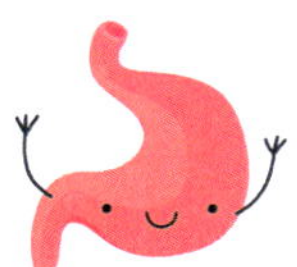

Kopiervorlage

Teil 3

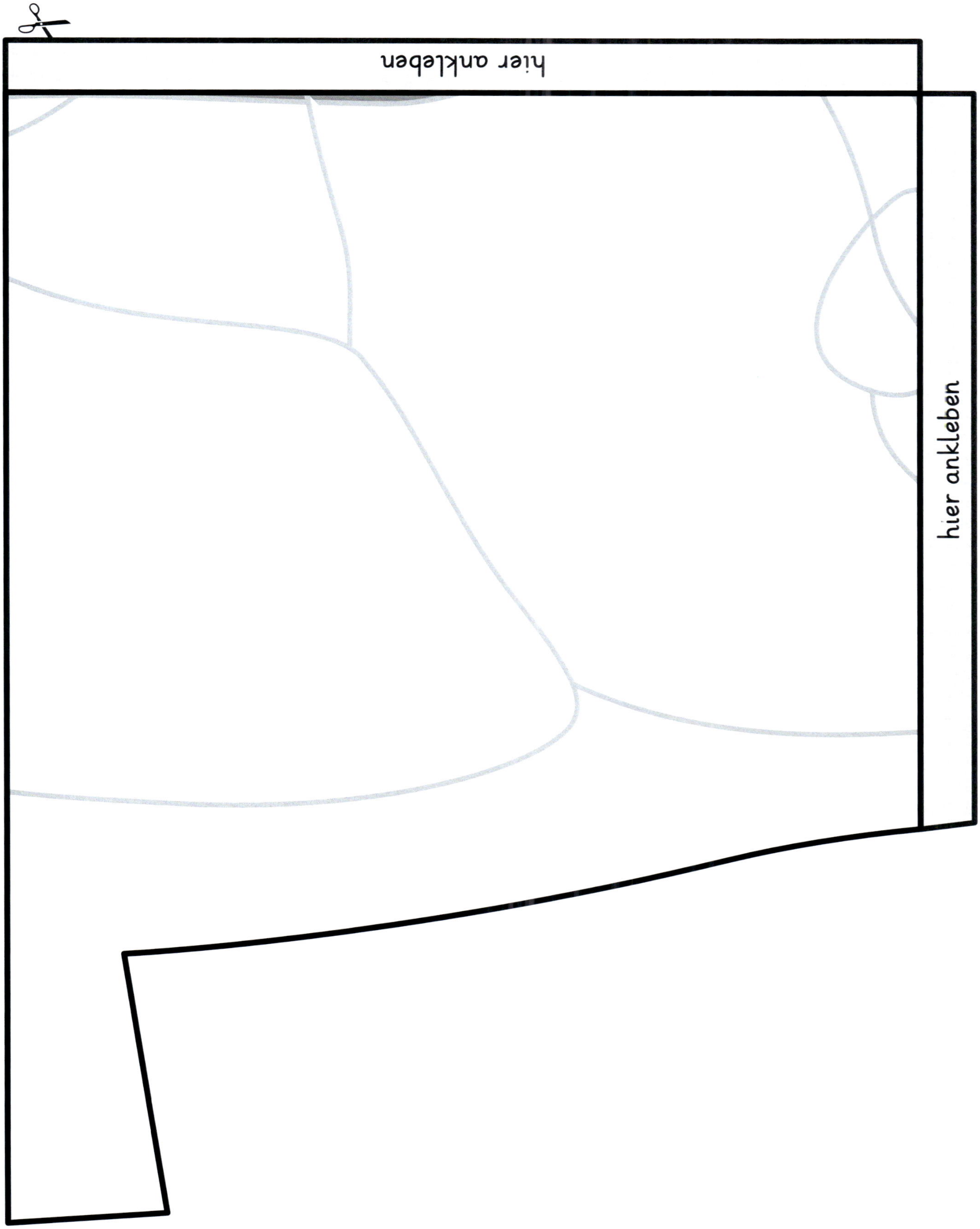

hier ankleben

hier ankleben

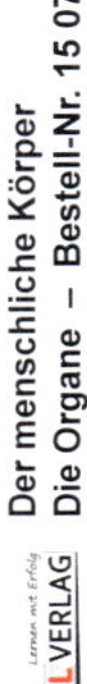

Kopiervorlage – Rückseite

Teil 3

KOHL VERLAG
Der menschliche Körper
Die Organe – Bestell-Nr. 15 077

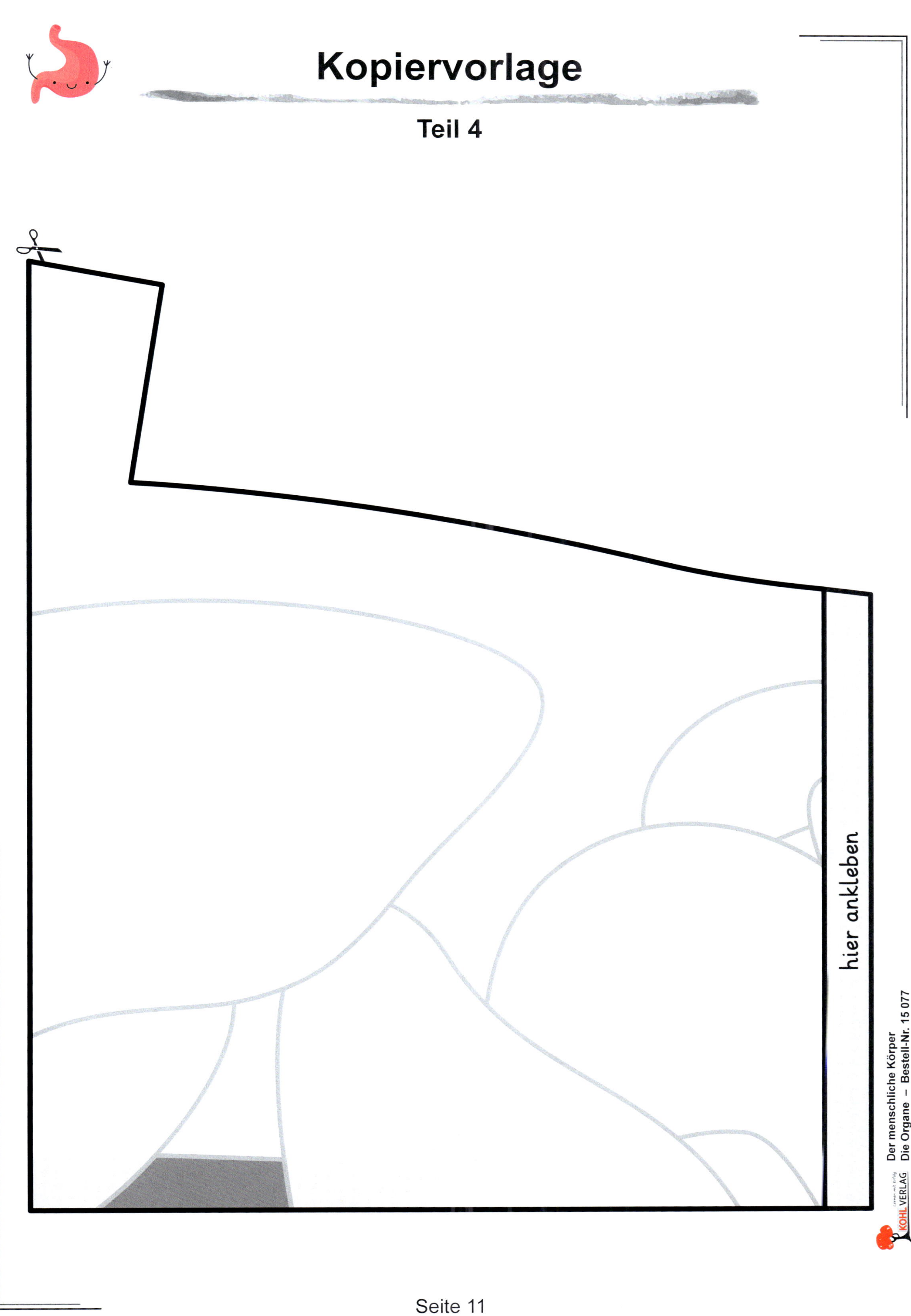
Kopiervorlage
Teil 4
hier ankleben
Der menschliche Körper
Die Organe – Bestell-Nr. 15 077
KOHL VERLAG

Kopiervorlage – Rückseite

Teil 4

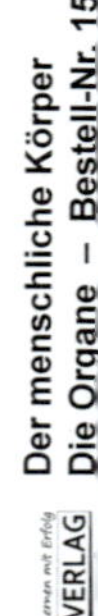

Kopiervorlage

Teil 5

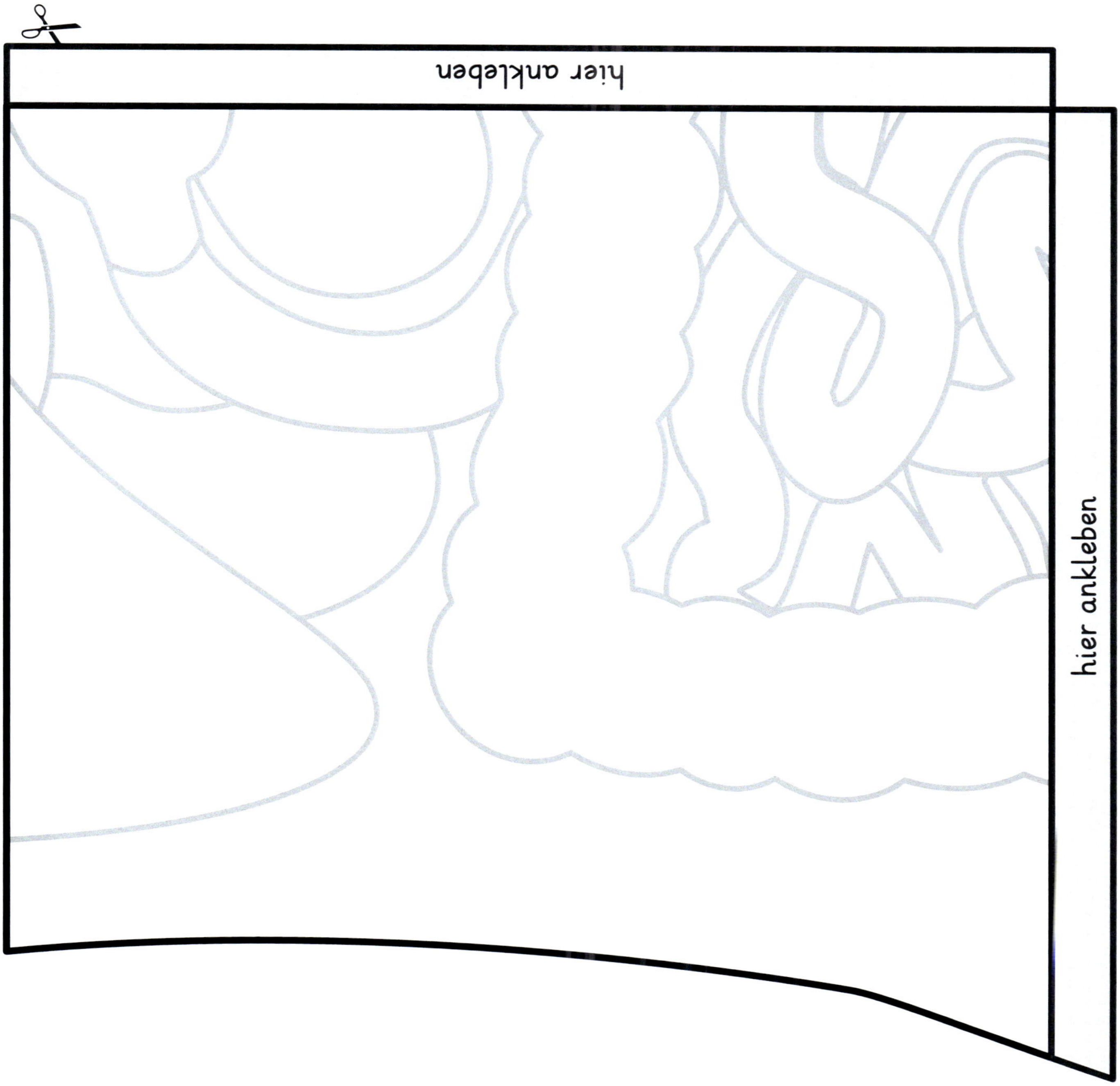

hier ankleben

hier ankleben

Der menschliche Körper
Die Organe – Bestell-Nr. 15 077

KOHL VERLAG

Kopiervorlage – Rückseite

Teil 5

KOHL VERLAG Der menschliche Körper
Die Organe – Bestell-Nr. 15 077

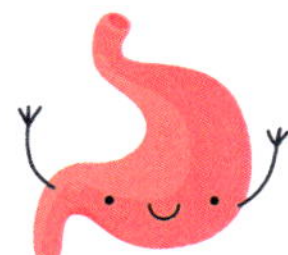

Kopiervorlage

Teil 6

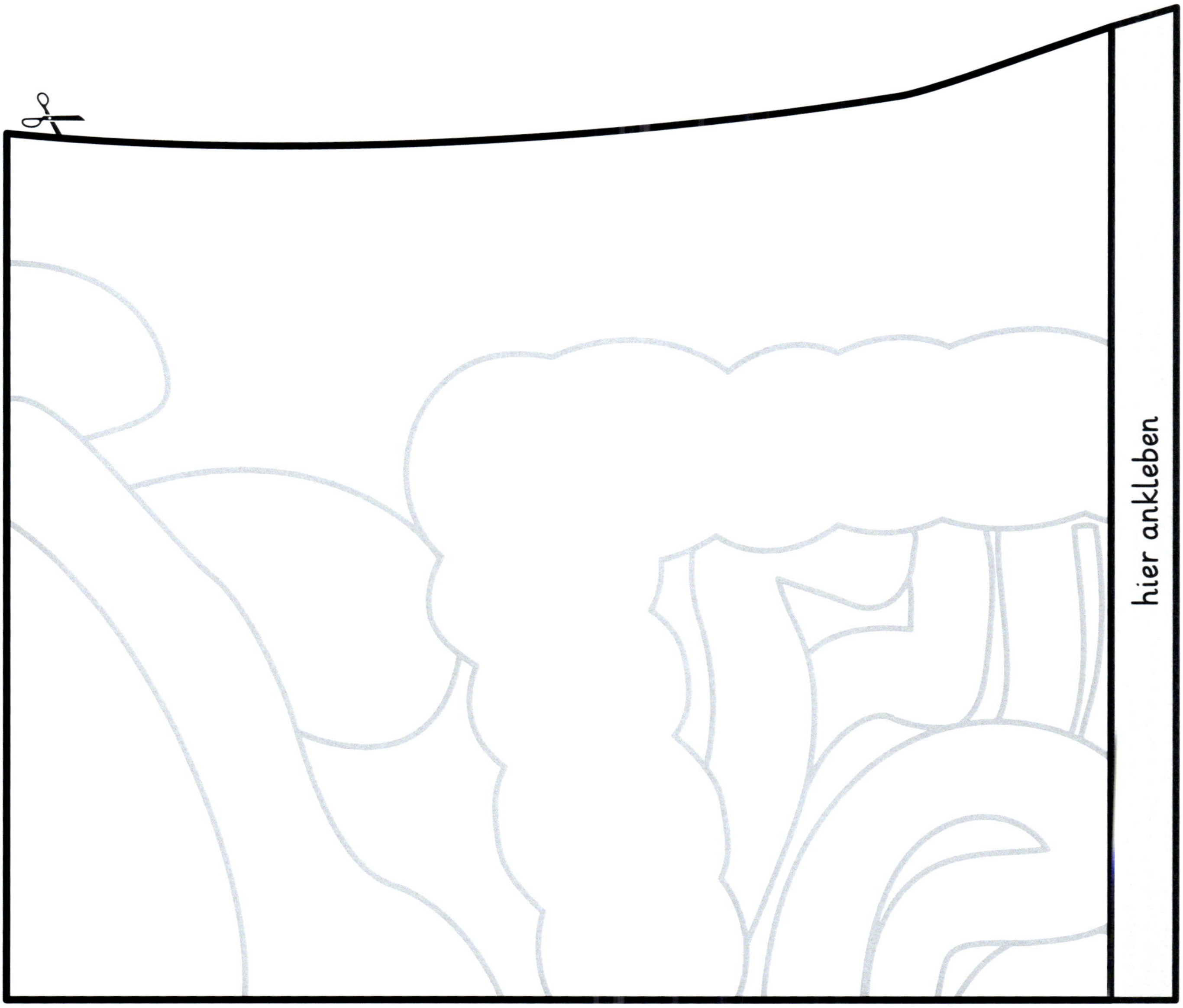

hier ankleben

Der menschliche Körper
Die Organe – Bestell-Nr. 15 077
KOHL VERLAG

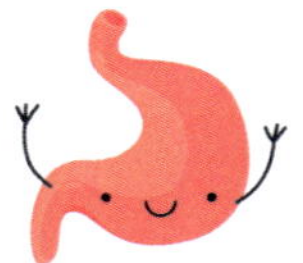

Kopiervorlage – Rückseite

Teil 6

Kopiervorlage

Teil 7

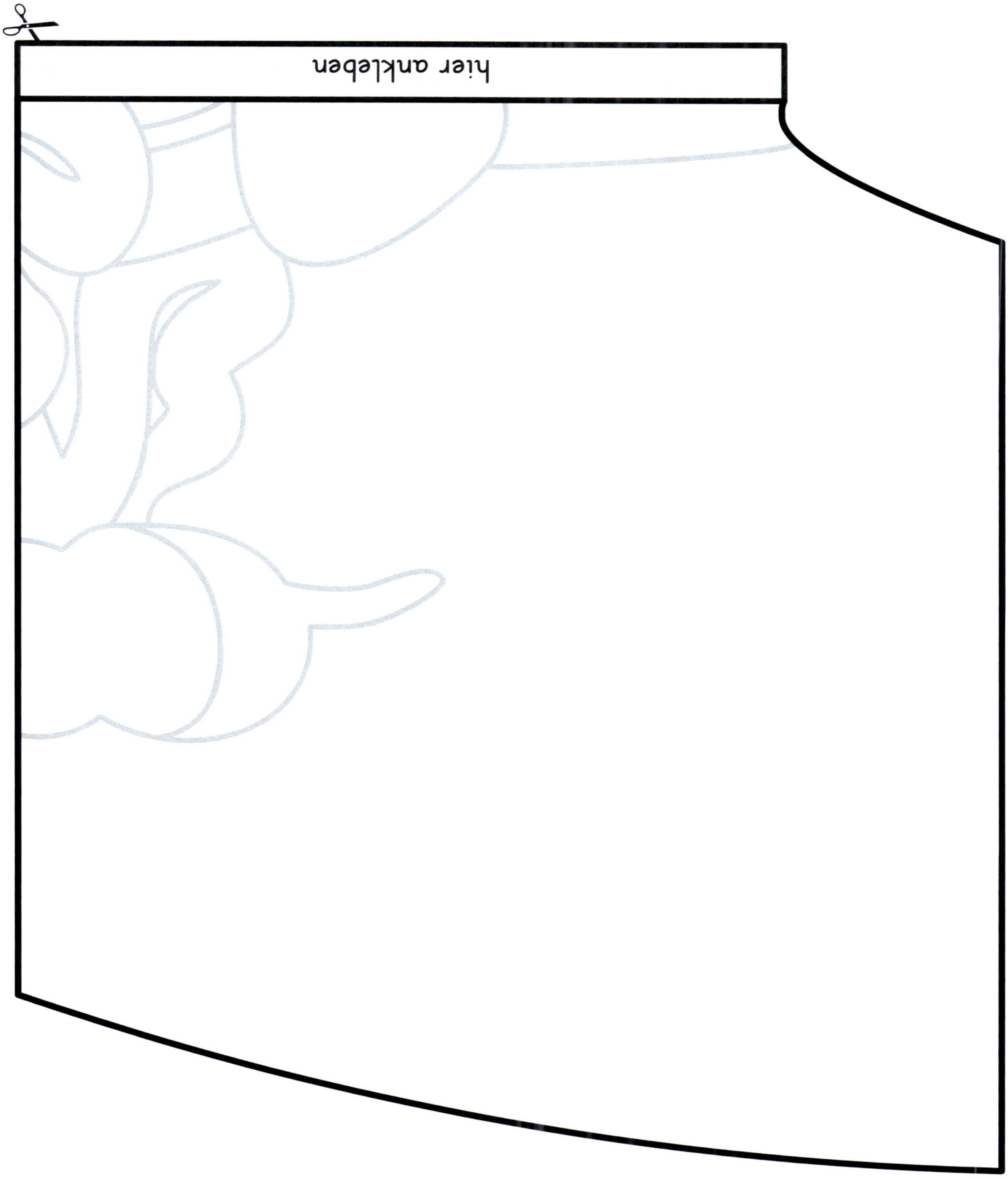

hier ankleben

Der menschliche Körper
Die Organe – Bestell-Nr. 15 077

KOHL VERLAG

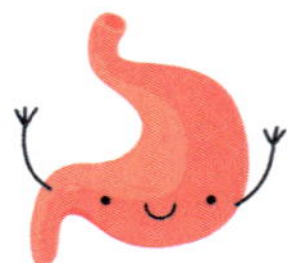

Kopiervorlage – Rückseite

Teil 7

KOHL VERLAG Der menschliche Körper
Die Organe – Bestell-Nr. 15 077

Kopiervorlage

Teil 8

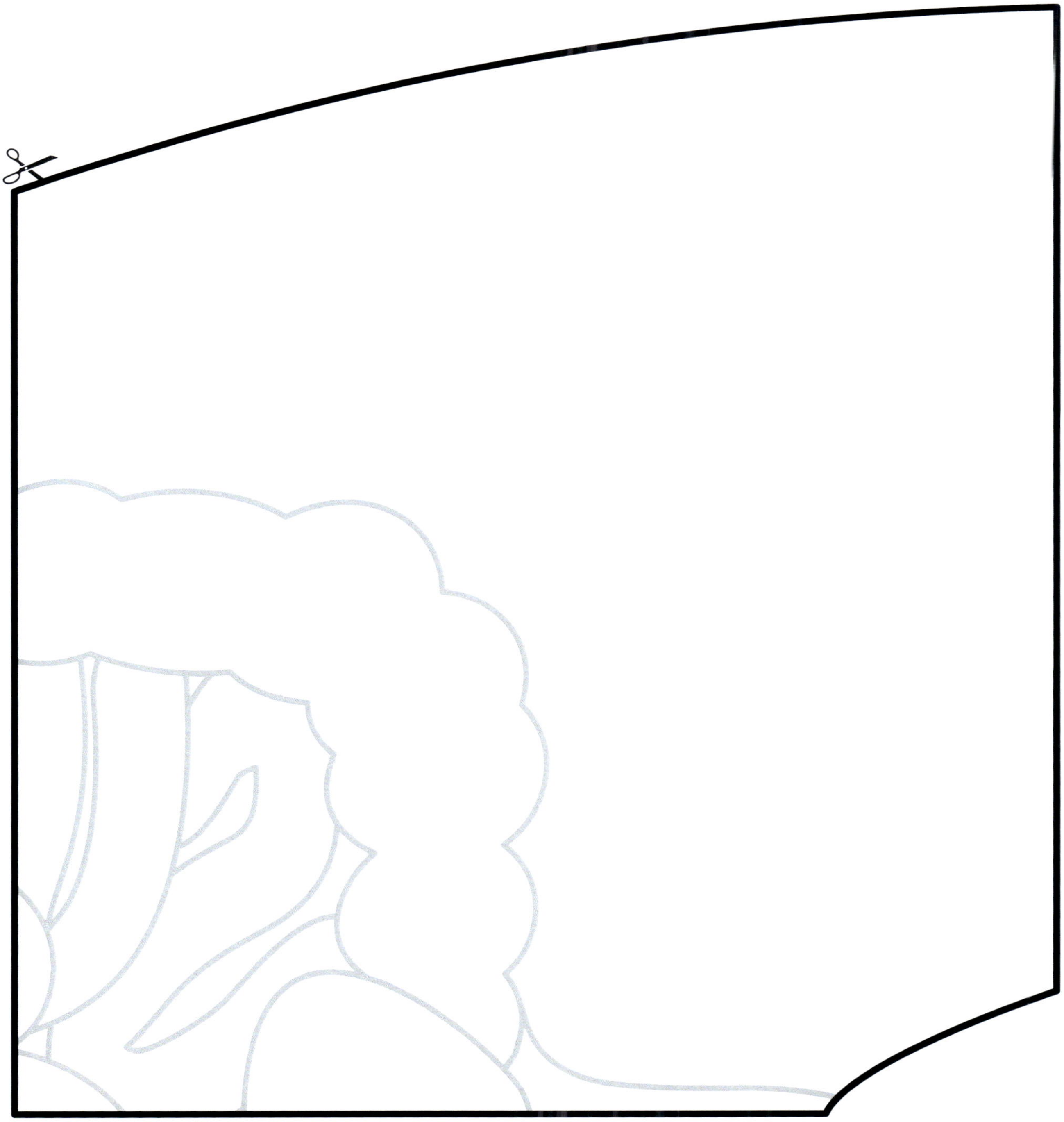

Kopiervorlage – Rückseite

Teil 8

Der menschliche Körper
Die Organe – Bestell-Nr. 15 077
KOHL VERLAG

Legematerial

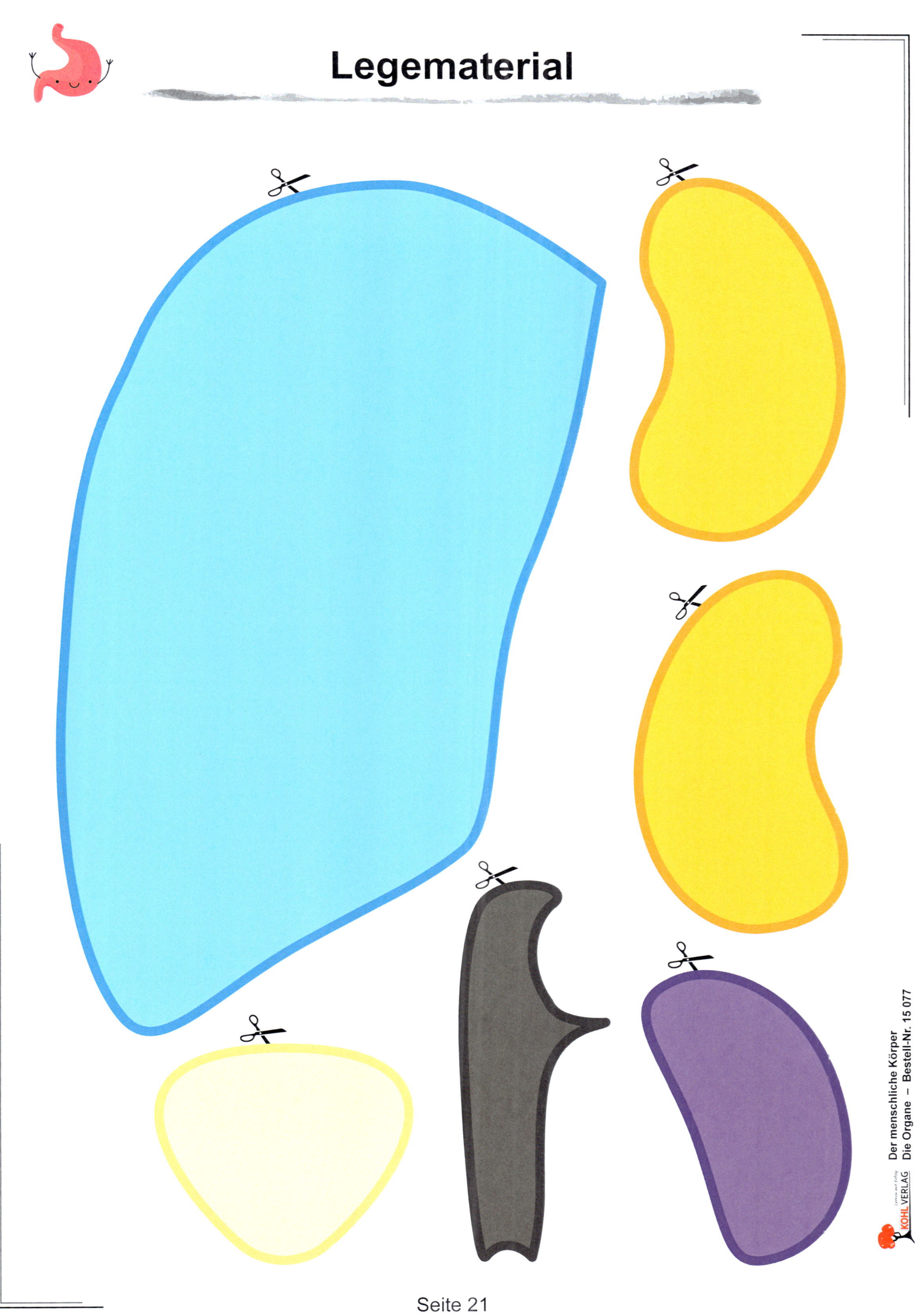

Legematerial – Rückseite

linke
Niere

rechter
Lungenflügel

rechte
Niere

End-
darm

Milz

Blase

KOHL VERLAG Lernen mit Erfolg
Der menschliche Körper

Legematerial

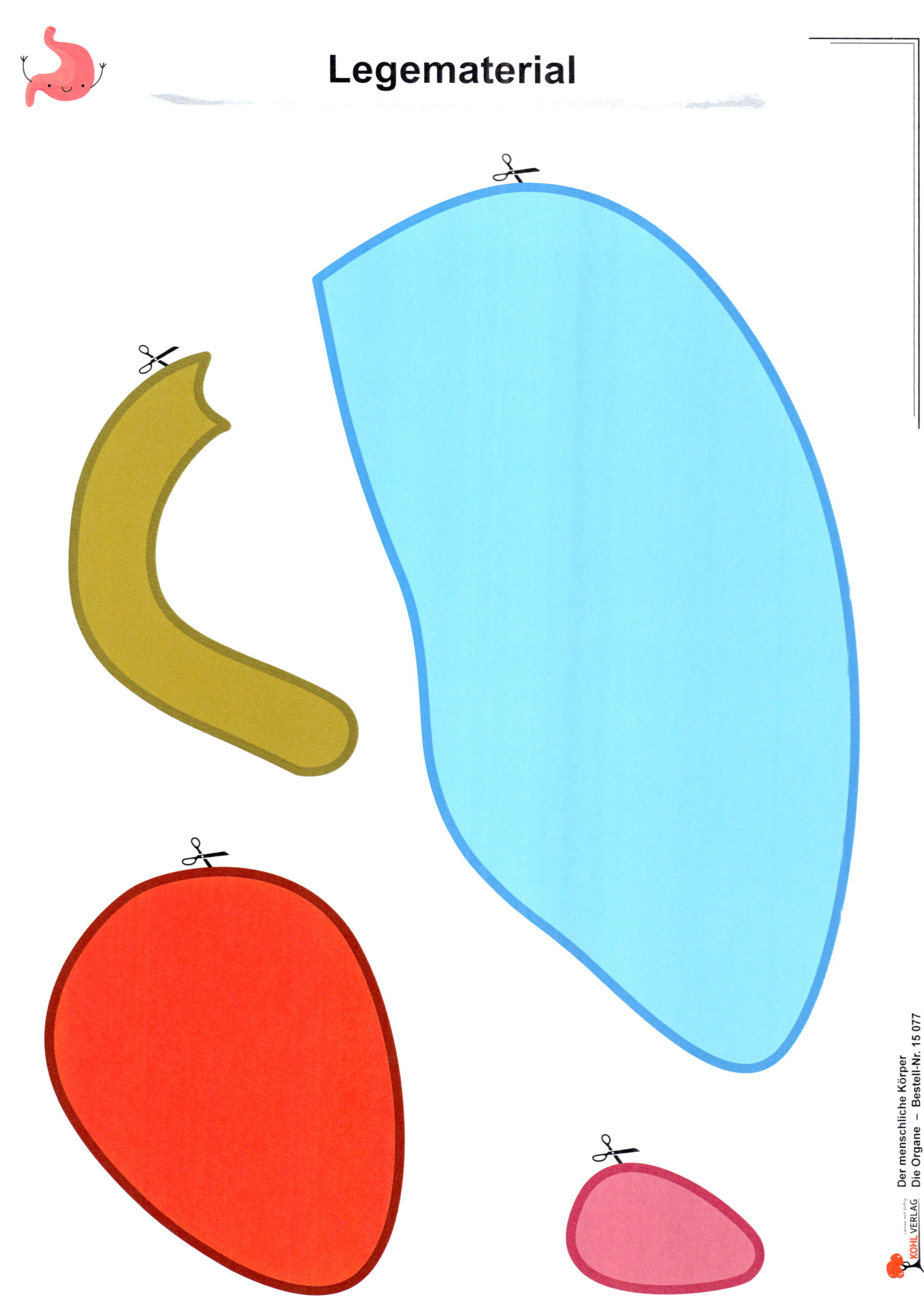

KOHL VERLAG
Der menschliche Körper
Die Organe – Bestell-Nr. 15 077

Legematerial – Rückseite

linker
Lungenflügel

Zwölf-
finger-
darm

Herz

Gallenblase

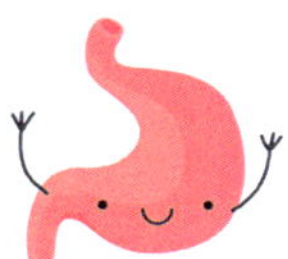

Legematerial

ankleben

Legematerial – Rückseite

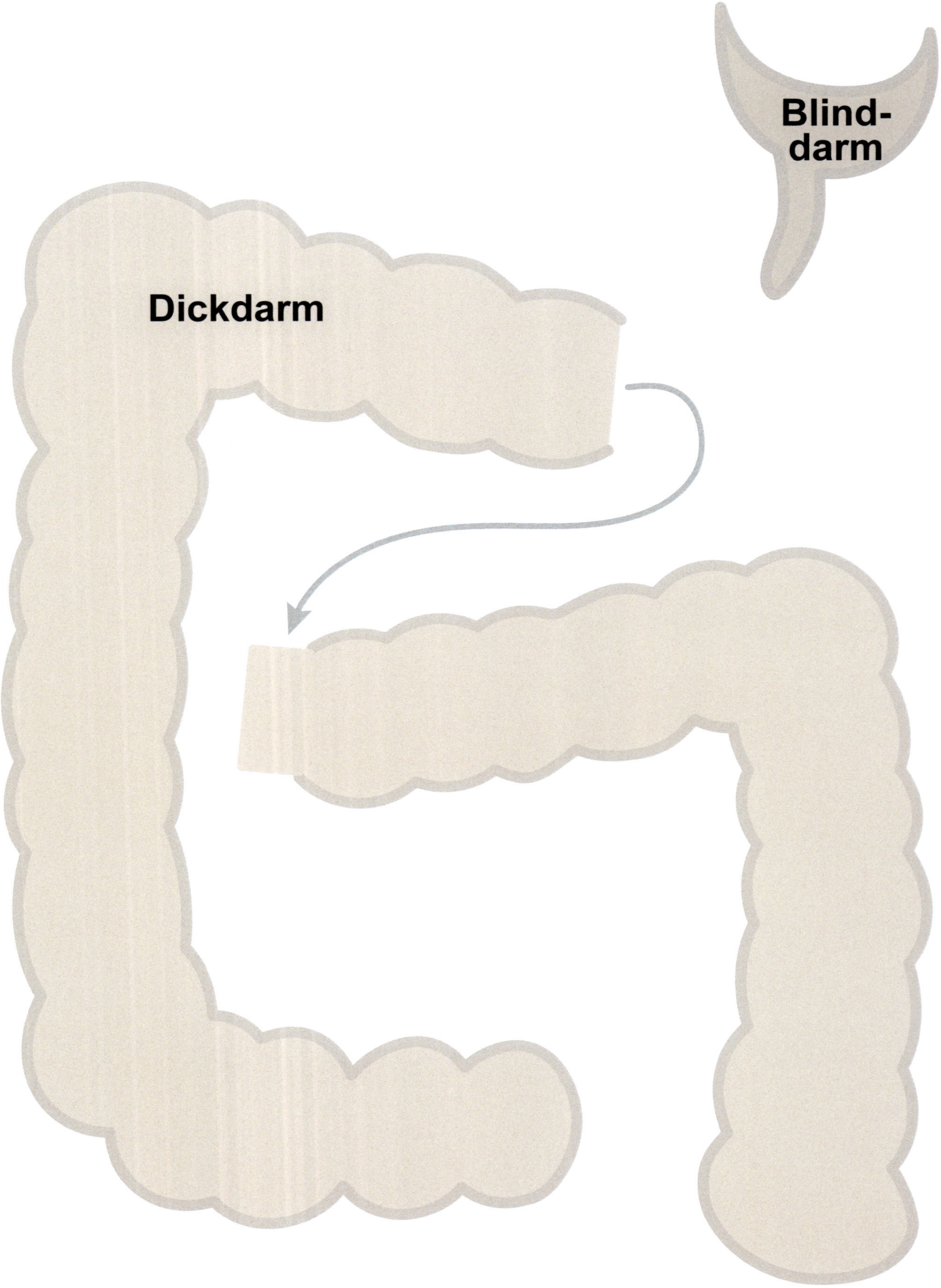

Blind-
darm

Dickdarm

Legematerial

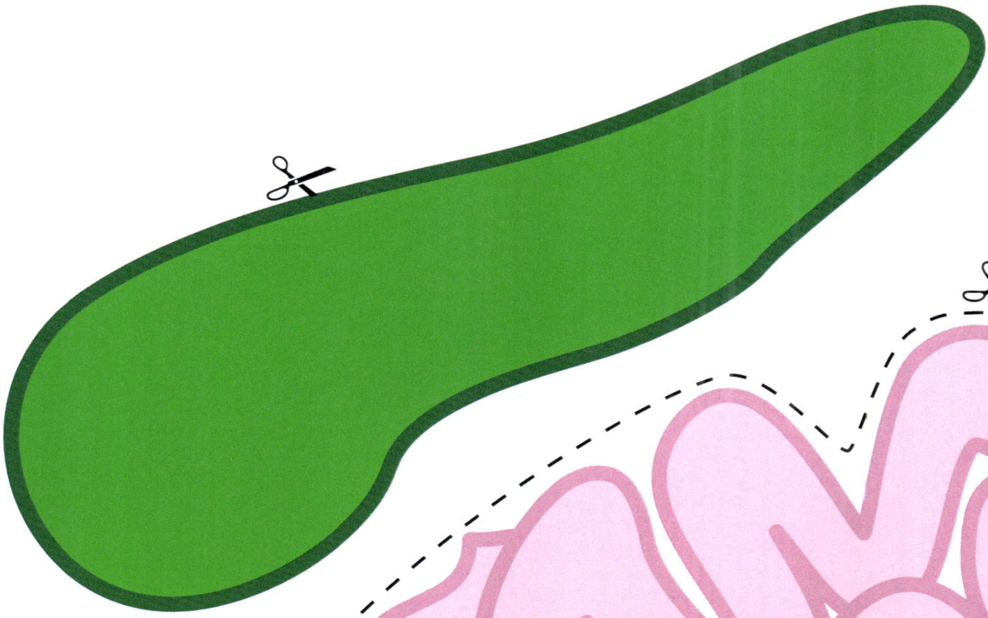

Legematerial – Rückseite

Bauchspeichel-
drüse

Dünndarm

Legematerial

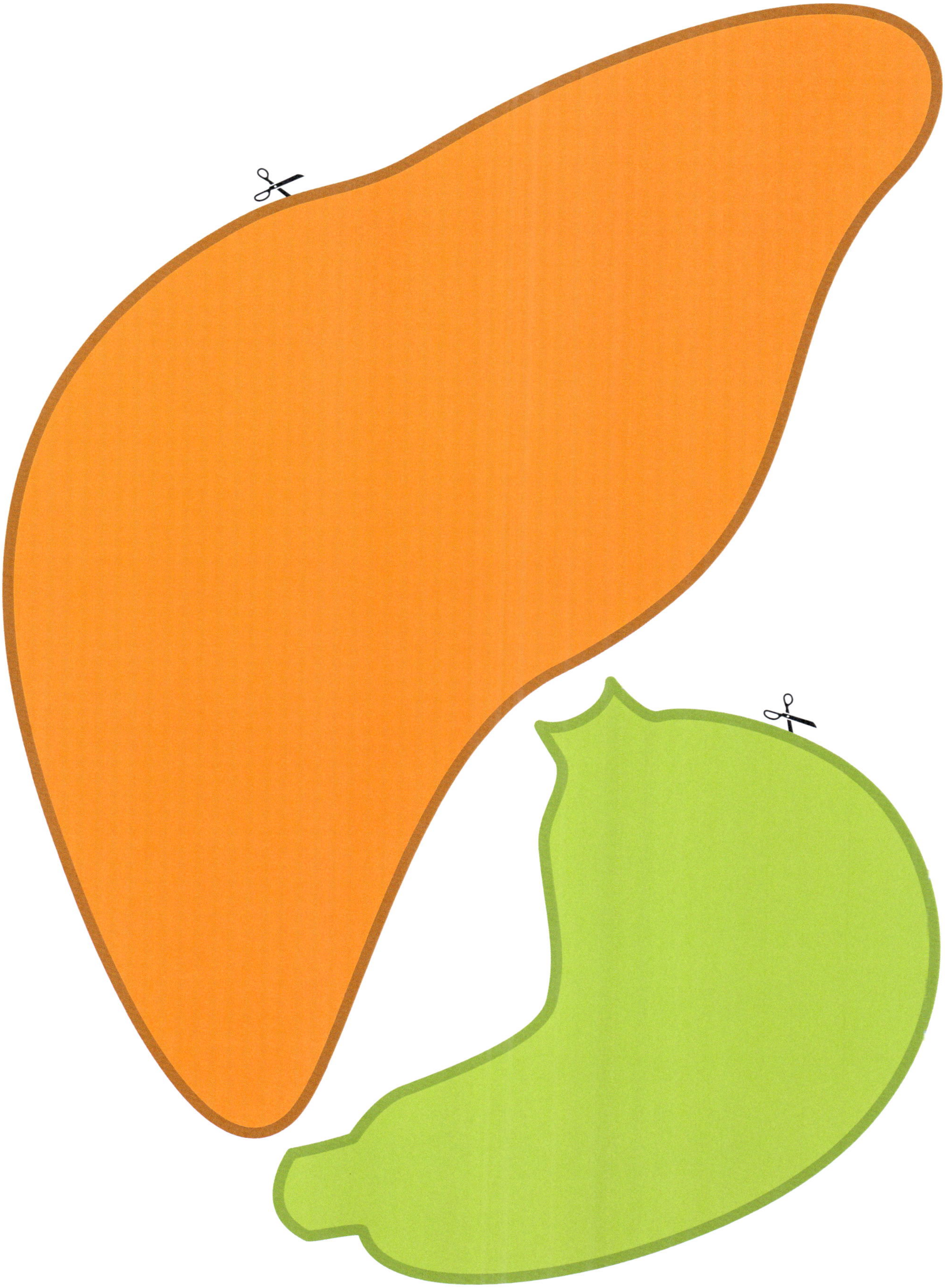

KOHL VERLAG
Der menschliche Körper
Die Organe – Bestell-Nr. 15 077

Legematerial – Rückseite

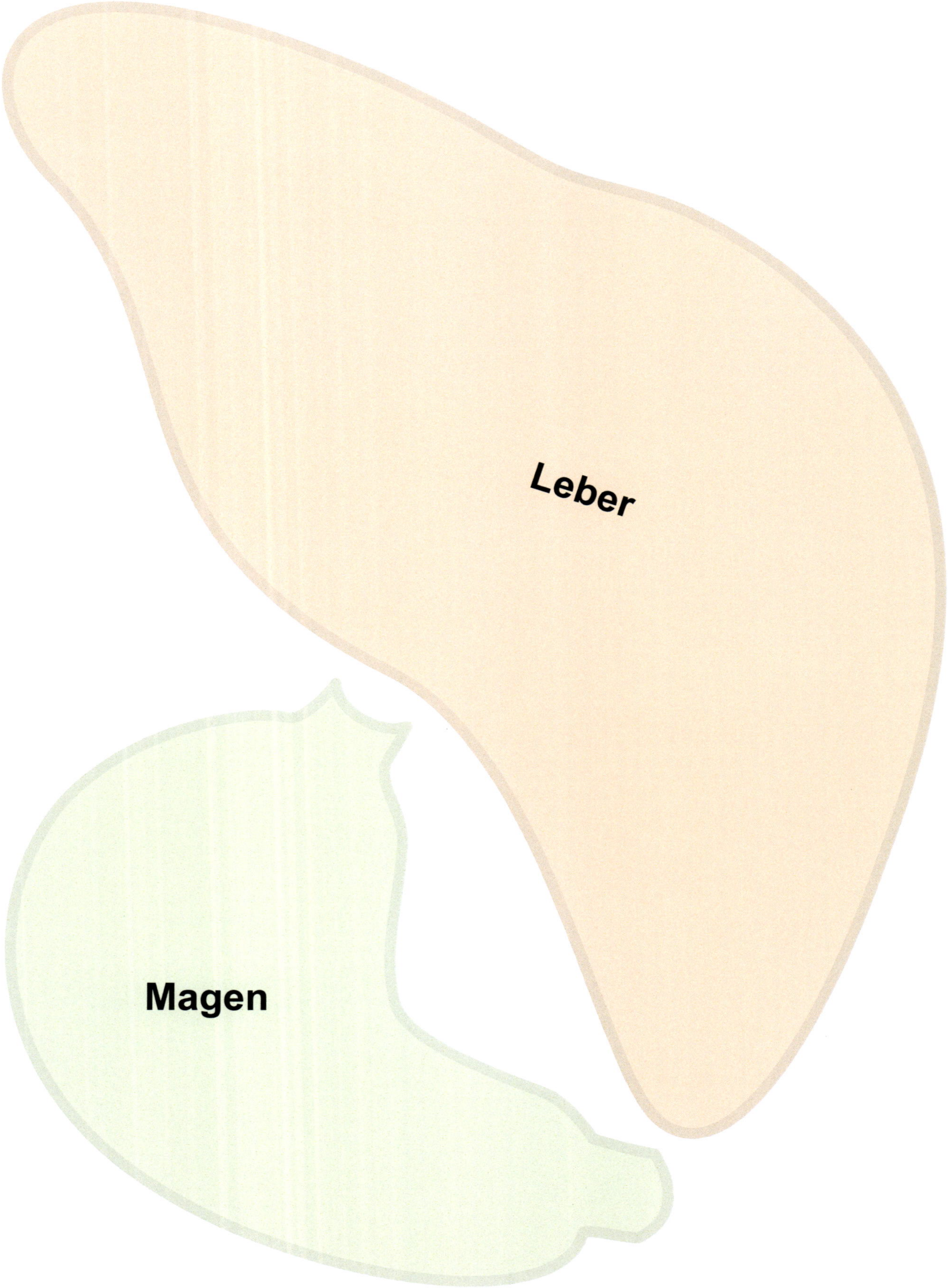

Leber

Magen

Infokarten

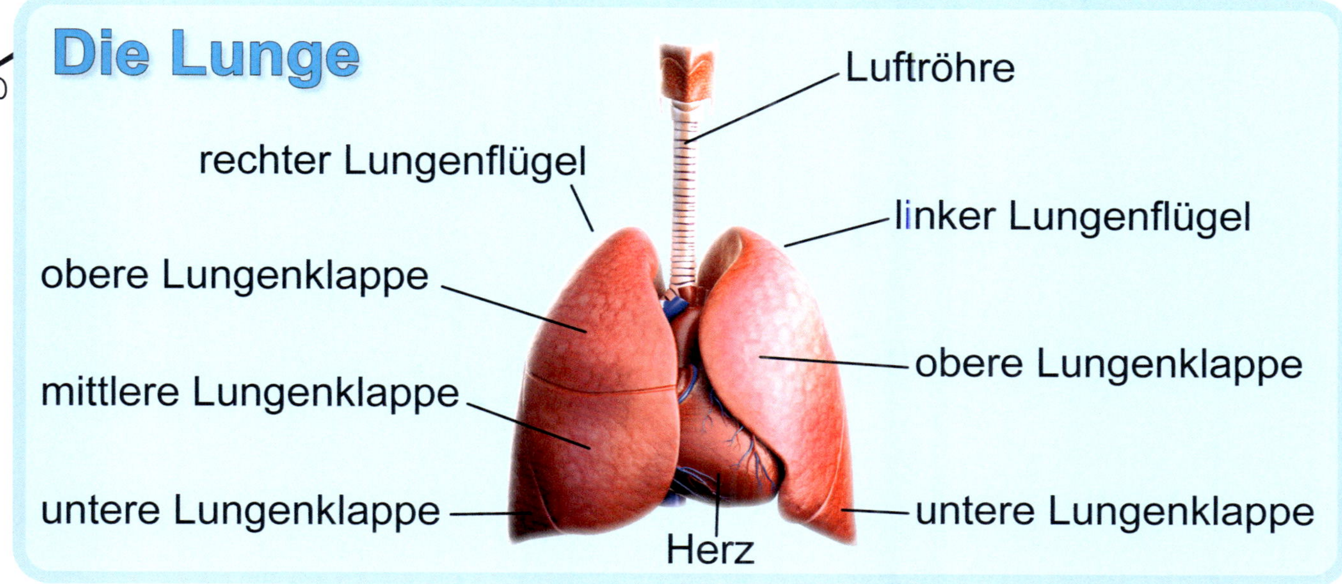

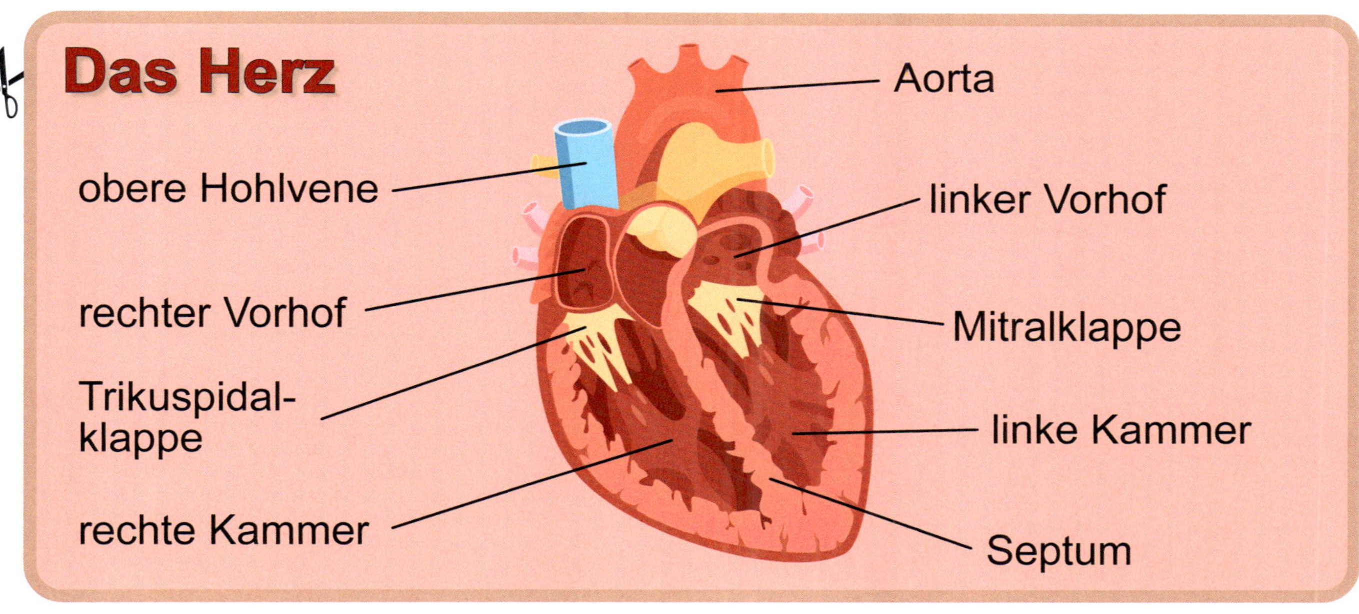

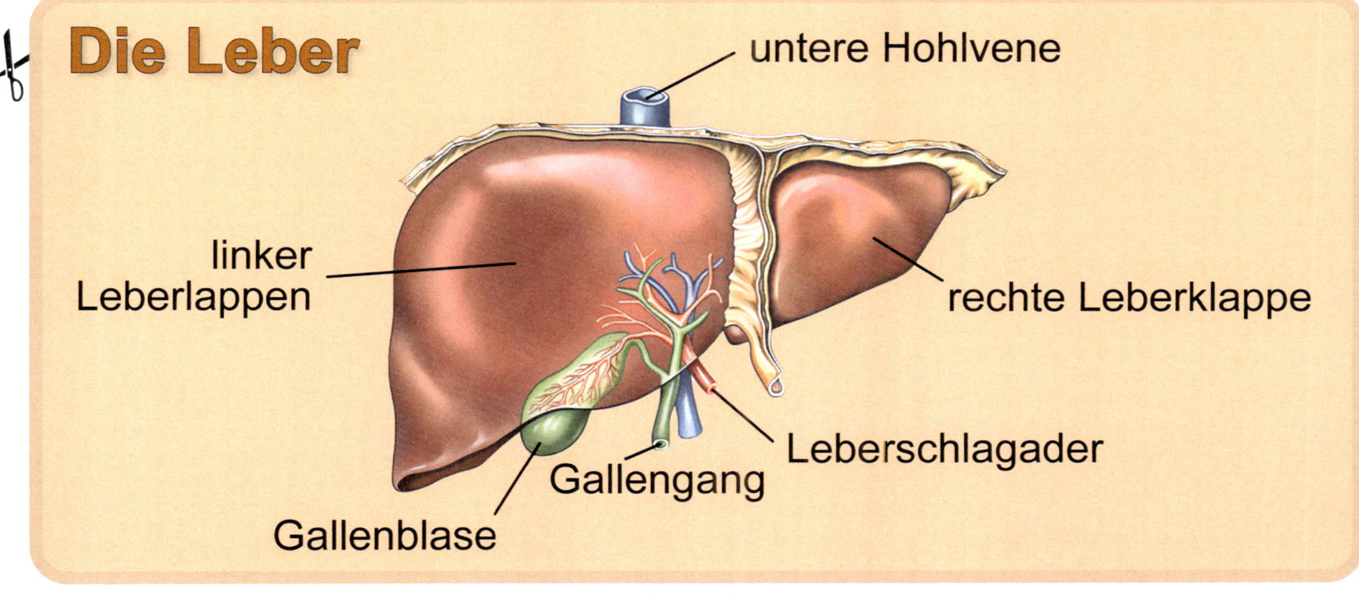

KOHL VERLAG
Der menschliche Körper
Die Organe – Bestell-Nr. 15 077

Infokarten

Die Lunge ist ein Organ, das aus zwei kegelförmigen Lungenflügeln besteht und sich in unserer Brust befindet. Bei einem Erwachsenen ist die Lunge etwa 26 cm lang und 15 cm breit. Unter dem linken Lungenflügel sitzt noch das Herz, weshalb er etwas kleiner als der rechte Lungenflügel ist. Jeder Lungenflügel besteht aus Lungenklappen: der rechte aus drei, der linke aus zwei Klappen. Oben in der Mitte befindet sich die Luftröhre. Sie zweigt sich in zwei Hauptbronchien ab. Diese führen zu weiteren kleinen Bronchien und münden in die Alveolen. In den Alveolen findet der Gasaustausch statt.

Die Lunge verteilt nicht nur den Sauerstoff im Körper. Durch die Schleimhaut an den Bronchien werden Krankheitserreger und Schmutzteilchen abgefangen. Mit winzigen Härchen leiten die Bronchien diese Fremdkörper von den Lungen weg.

Das menschliche Herz ist etwa so groß wie eine Faust und wiegt ca. 300 g (bei Erwachsenen). Es pumpt das Blut in alle Teile unseres Körpers und versorgt sie so mit Sauerstoff. Das Herz ist ein hohler Muskel, der nur durch eine Wand (Septum) in zwei Hälften geteilt ist. Jede Hälfte besteht aus einem Vorhof und einer Kammer, die durch eine Klappe getrennt sind. Beide Herzhälften sind eigene Pumpsysteme. Die rechte Hälfte bekommt sauerstoffarmes Blut aus dem Körper in den Vorhof und leitet es über die Trikuspidalklappe in die Kammer. Danach wird das Blut in die Lunge gepumpt. In der Lunge bekommt das Blut den Sauerstoff und strömt über die Lungenvenen zurück ins Herz in den linken Vorhof und von dort über die Mitralklappe in die linke Herzkammer. Dann zieht sich die Kammer zusammen und pumpt das Blut über die Hauptschlagader in die Blutgefäße unseres Körpers.

Die Leber wiegt ca. 1,5 kg (bei Erwachsenen) und ist somit unser schwerstes inneres Organ. Die Leber ist dunkelrot und ganz mit Blutgefäßen durchzogen. Bei gesunden erwachsenen Personen ist dieses Organ ungefähr 15 cm lang, 10 cm breit und 6 cm dick. Die Leber liegt rechts oben im Bauch unter den Rippen und besteht aus zwei Lappen. Der rechte Lappen ist größer, der linke kleiner.
Die Leber ist für den Stoffwechsel verantwortlich. In ihr werden mehrere lebenswichtige Stoffe gespeichert, abgebaut, umgewandelt und hergestellt. Unter anderem produziert die Leber Stoffe, welche Entzündungen im Körper hemmen und das Blut bei Verletzungen gerinnen lassen. Außerdem entzieht die Leber dem Blut giftige Stoffe (z. B. Abbauprodukte von Alkohol), produziert Galle für die Verdauung und gewinnt Energie für Bewegung und Wärme.

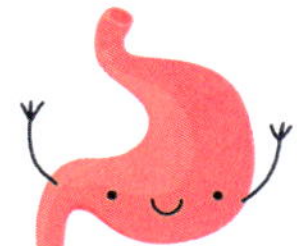

Infokarten

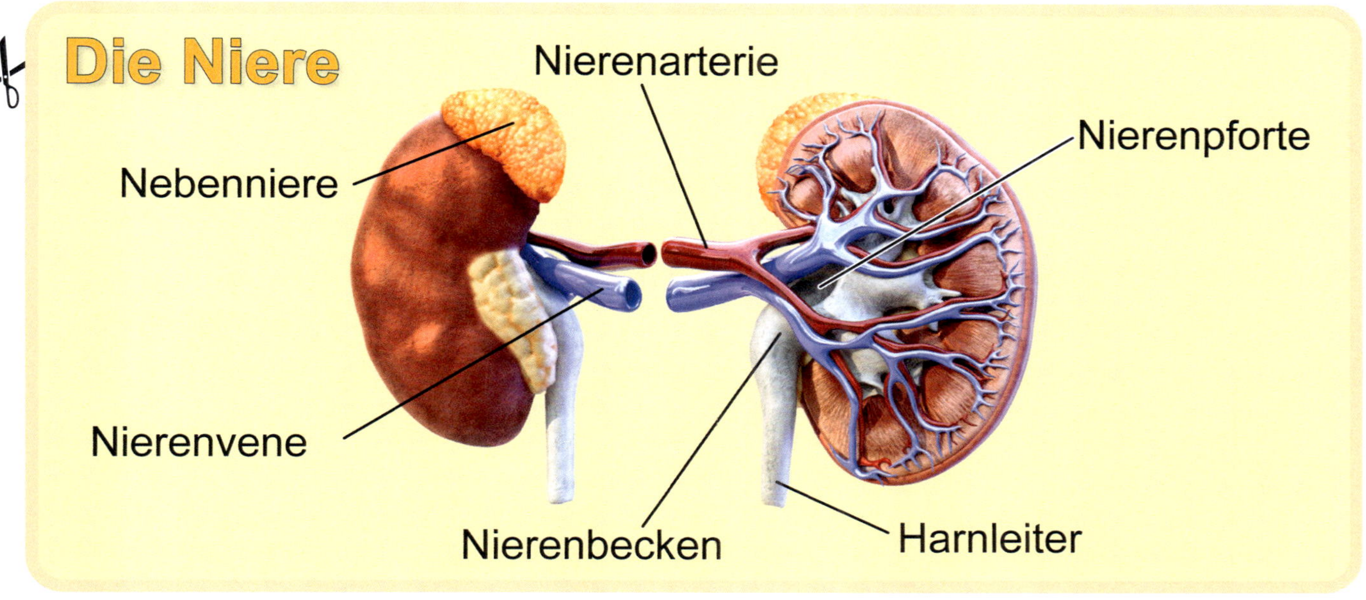

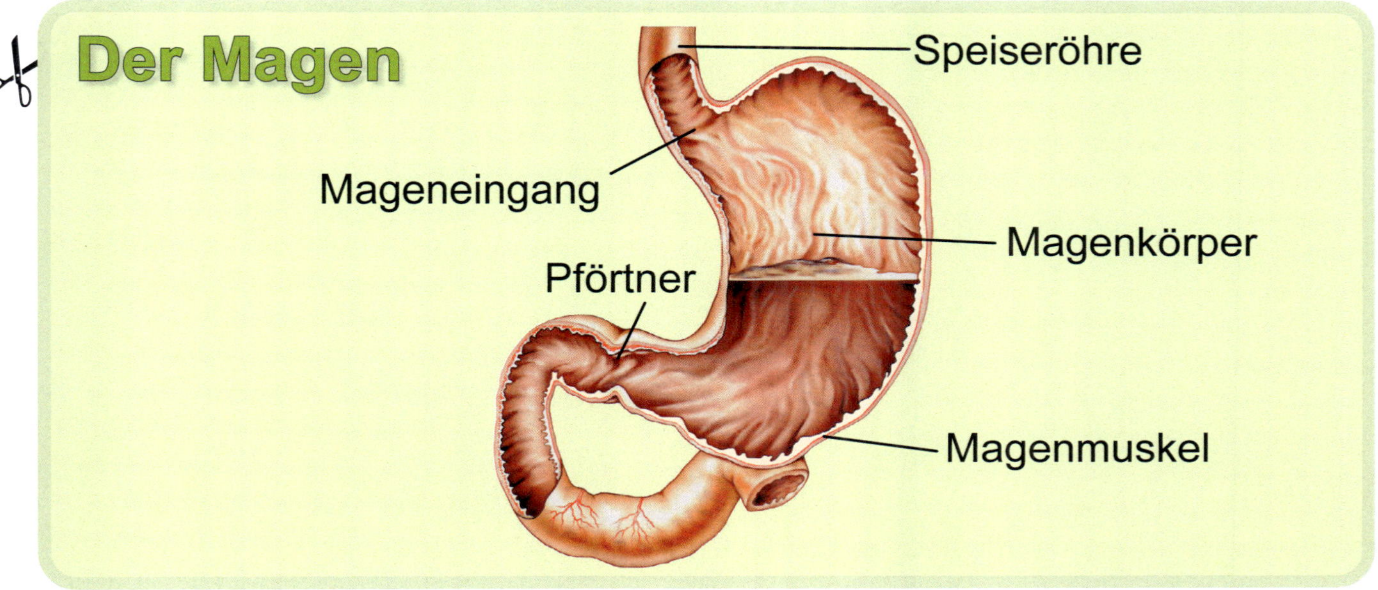

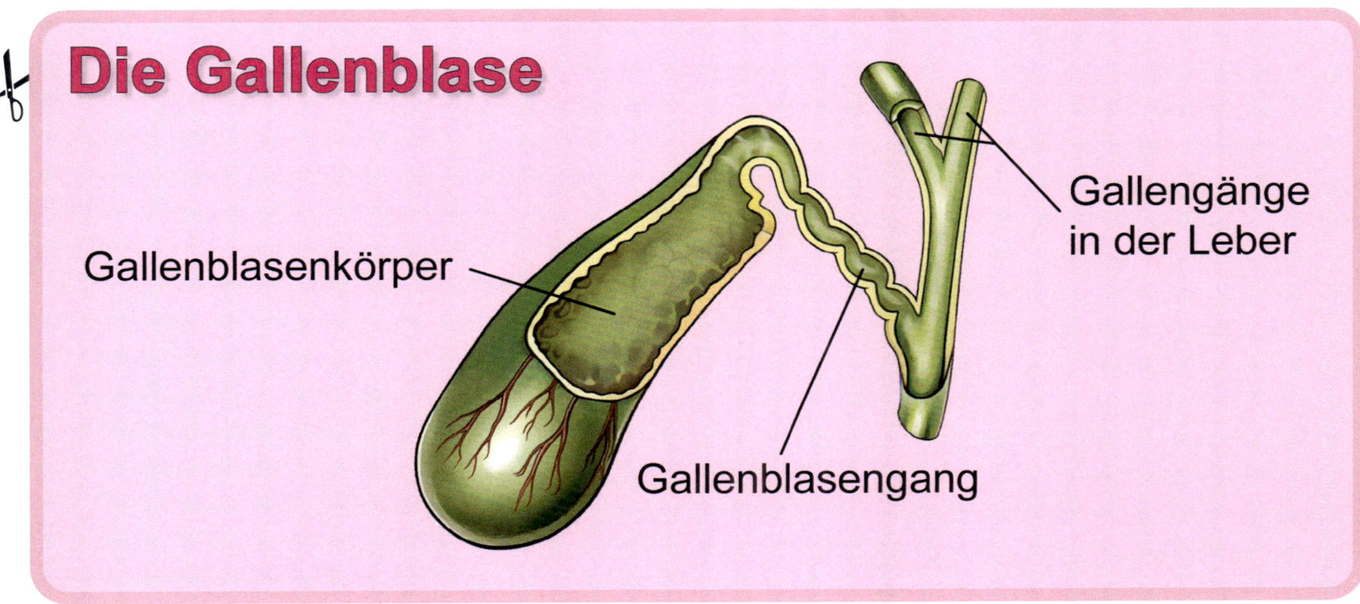

Der menschliche Körper
Die Organe – Bestell-Nr. 15 077
KOHL VERLAG

Infokarten

Wir haben zwei Nieren. Sie liegen jeweils rechts und links neben der Wirbelsäule in Höhe der elften Rippe. Jede Niere hat die Form einer Bohne und wiegt ca. 150 g. Sie ist etwa 10 cm lang, ca. 5 cm breit und ca. 4 cm hoch. Die Nieren haben die Funktion der Filter bzw. der Kläranlage für unser Blut. Dabei entziehen sie dem Blut überschüssiges Wasser und entfernen Giftstoffe und Abbauprodukte vom Stoffwechsel. Während diesem Vorgang bildet sich Urin (Harn). Über die Harnleiter wird der Urin ununterbrochen zur Harnblase weitergeleitet. Durch die Steuerung des Wasserhaushalts beeinflussen die Nieren unseren Blutdruck. In den Nieren werden Hormone gebildet und auch abgebaut. Oberhalb jeder Niere liegt kappenartig eine Nebenniere. Diese sind ca. 3 cm lang und ca. 1,5 cm breit. In den Nebennieren werden mehrere lebenswichtige Hormone gebildet.

Der Magen befindet sich bei uns zwischen der Speiseröhre und dem Dünndarm. Er sieht wie ein Muskelsack aus, der ungefüllt bei einem Erwachsenen etwa 20 cm lang ist. Beim Füllen dehnt er sich bis zu 30 cm und kann 1,5 bis 2 l Nahrung aufnehmen. Die Magenmuskeln kneten die Nahrung durch und mischen sie mit dem Magensaft. Der Magensaft kommt aus den Magendrüsen und ist sehr sauer. Wenn man noch nichts gegessen hat, ist er so sauer wie purer Zitronensaft. Er tötet die Keime in der Nahrung ab. Außerdem spaltet der Magensaft die Eiweiße in kleinste Teilchen auf. Am untenliegenden Magenausgang geht die zerkleinerte Nahrung in den Dünndarm über. Dank seiner Muskelkraft „schließt“ der Magenausgang den Magen, damit die Nahrung nur in kleinen, kontrollierten Mengen in den Dünndarm befördert wird.

Die Gallenblase liegt im rechten Oberbauch unterhalb der Leber. Sie hat die Form einer Birne, ist 5–7 cm lang und bis zu 5 cm breit. Es ist ein hohles muskulöses Organ. Im Inneren besteht die Gallenblase aus einer Muskelschicht und einer Schleimhaut. Außen hat sie eine Schicht aus Bindegewebe. Dank ihrer Muskeln kann sich die Gallenblase entleeren. Sie ist mit der Leber und dem Darm über die Gallengänge verbunden. Die Aufgabe der Gallenblase ist es, die Galle aus der Leber zu speichern und einzudicken. Zur Eindickung wird der Galle Wasser entzogen. Ihre Zellen bilden auch den Schleim zum Schutz der Gallenblase vor manchen Gallenbestandteilen. Wenn wir etwas Fettiges essen, leitet die Gallenblase etwas Galle in den Zwölffingerdarm. Dort wird das Fett in Teilchen aufgespaltet, sodass unser Körper es besser aufnehmen kann.

Infokarten

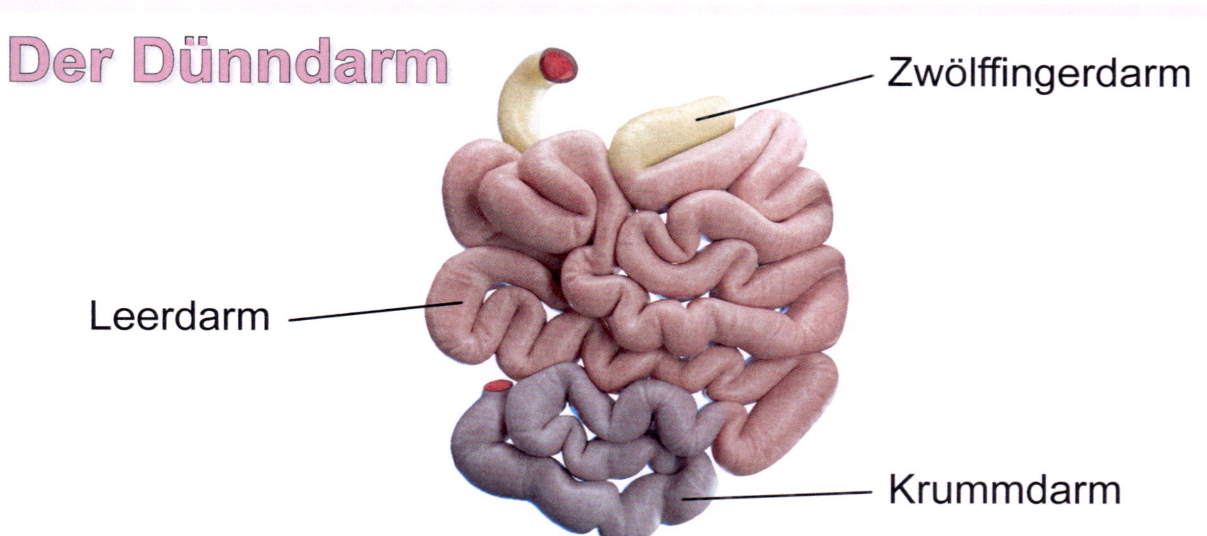
Der Dünndarm
Zwölffingerdarm
Leerdarm
Krummdarm

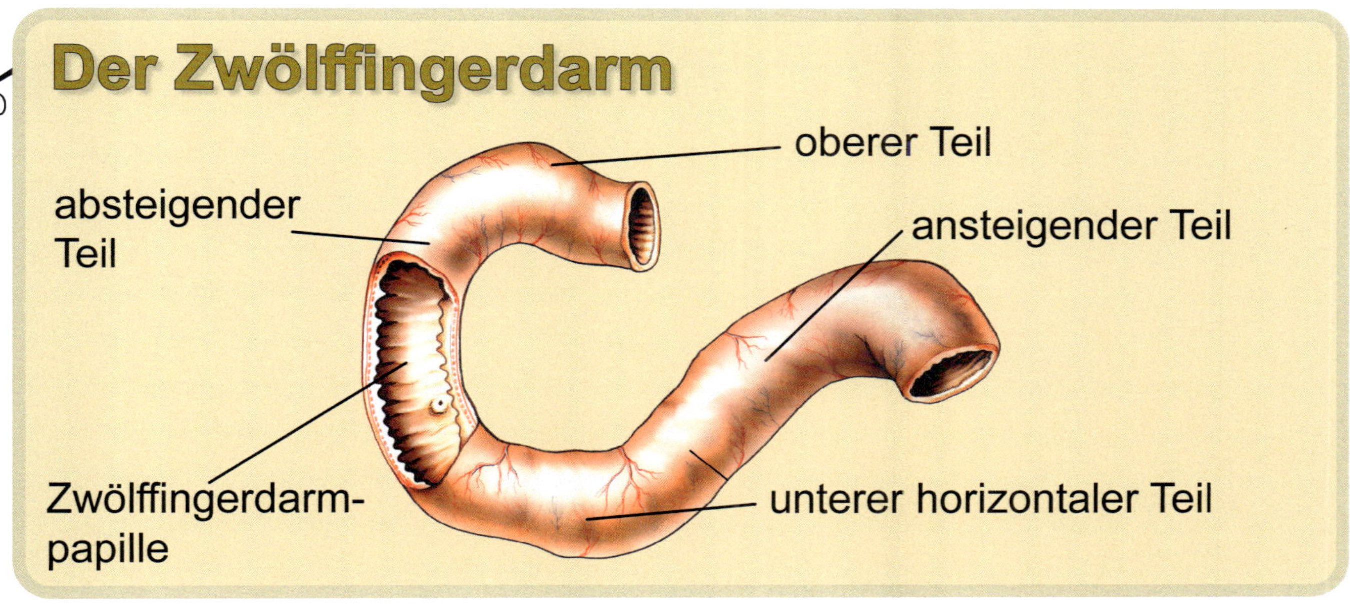
Der Zwölffingerdarm
oberer Teil
absteigender Teil
ansteigender Teil
Zwölffingerdarm-papille
unterer horizontaler Teil

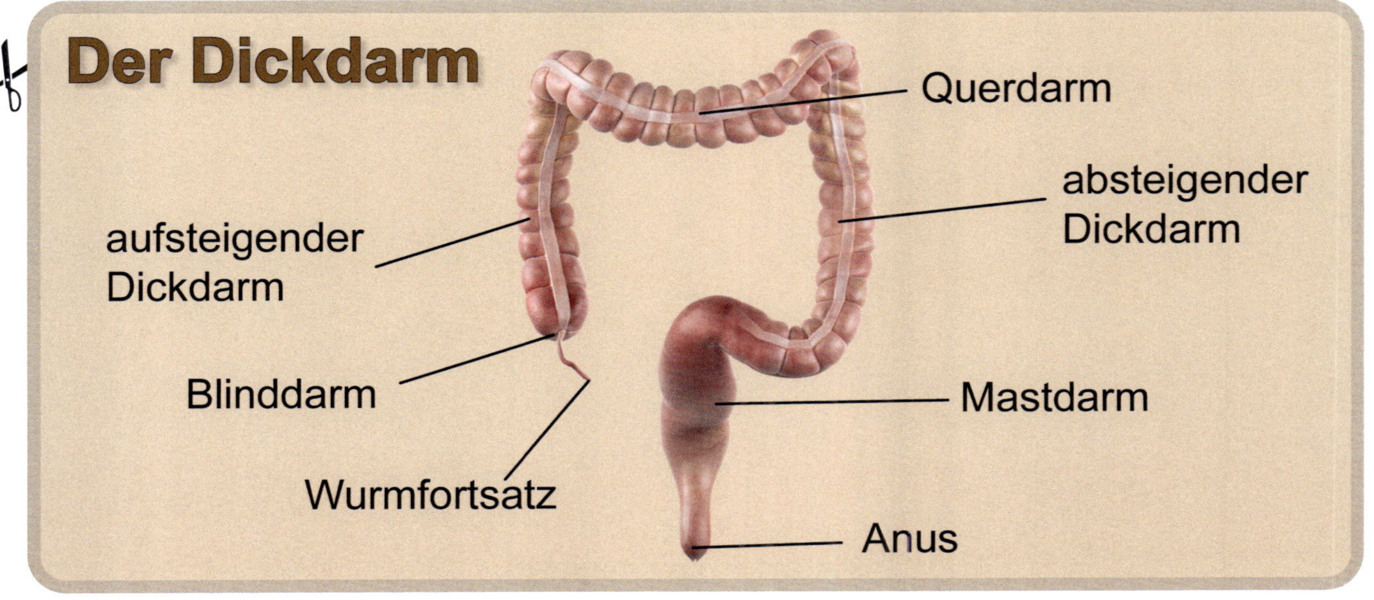
Der Dickdarm
Querdarm
absteigender Dickdarm
aufsteigender Dickdarm
Blinddarm
Mastdarm
Wurmfortsatz
Anus

Infokarten

Der Dünndarm beginnt oben gleich nach dem Magen und liegt in vielen Schlingen im Bauch. Er besteht aus dem Zwölffingerdarm, dem Leerdarm und dem Krummdarm. Die Länge des Dünndarms hängt von der Körpergröße ab und misst bei Erwachsenen ein Länge von 3 bis 6 m. Die vorverdaute Nahrung, gemischt mit dem Magensaft, wird hier aufgenommen und mit Hilfe von Enzymen weiter verdaut. Dabei werden Nährstoffe durch die Darmwand ins Blut abgegeben.
Die Magensäure in dem Speisebrei wird hier durch die Säfte der Galle und der Bauchspeicheldrüse neutralisiert. Die Eiweißteilchen werden hier durch Verdauungsenzyme weiter in Aminosäuren zerlegt. Nun passieren sie durch die Darmwand direkt ins Blut und werden vom Körper verwertet. Im Dünndarm bilden sich verschiedene Hormone, z. B. Glücks- und Schlafhormone.

Aus dem Magen gelangen die Speisereste mit dem Magensaft in den Zwölffingerdarm. Er ist der erste Teil des Dünndarms und sieht wie ein muskulöser Schlauch aus. Seine Form entspricht dem Buchstaben C. In den Zwölffingerdarm münden Galle, Leber und Bauchspeicheldrüse. Diese liefern wertvolle Enzyme. Mit Hilfe dieser Enzyme wird unsere Nahrung in kleinste Bausteine zerlegt. Die Nährstoffe werden hier verwertet und durch die Darmwand an das Blut weitergegeben. Danach drücken die Muskeln des Zwölffingerdarms den Speisebrei in den nächsten Teil des Dünndarms, in den Leerdarm. Seinen Namen hat der Zwölffingerdarm wegen seiner Größe, da er ca. zwölf Finger breit ist. Der Zwölffingerdarm ist eng mit der Bauchspeicheldrüse verwachsen und seine Rückenwand mit der Bauchhöhle. So ist seine Lage immer stabil.

Der Dünndarm geht in den 1 bis 1,5 m langen Dickdarm über. Dieser ist zweimal dicker als der Dünndarm und windet sich um den Dünndarm herum. Er beginnt an der rechten Seite, geht nach oben und dann queer auf die linke Seite des Bauches, dann nach unten. Im Dickdarm wird dem flüssigen Speisebrei Wasser und Salze entzogen und ins Blut abgegeben.
Im Unterschied zum Dünndarm hat der Dickdarm weder Zotten noch Ringfalten, dafür aber bandartige Wandverstärkungen. Im Dickdarm leben etwa 400 Bakterienarten. Sie bauen nichtverdauliche Ballaststoffe in Fettsäuren ab und produzieren einige Vitamine.
Im Dickdarm wird der Nahrungsbrei fester und bildet sich durch die Verarbeitung von Bakterien und den Wasserentzug zu Kot. Kräftige Muskeln befördern den Kot in Richtung Enddarm, wo er ausgeschieden wird.

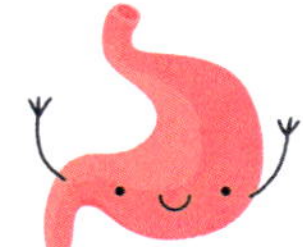

Infokarten

Die Milz

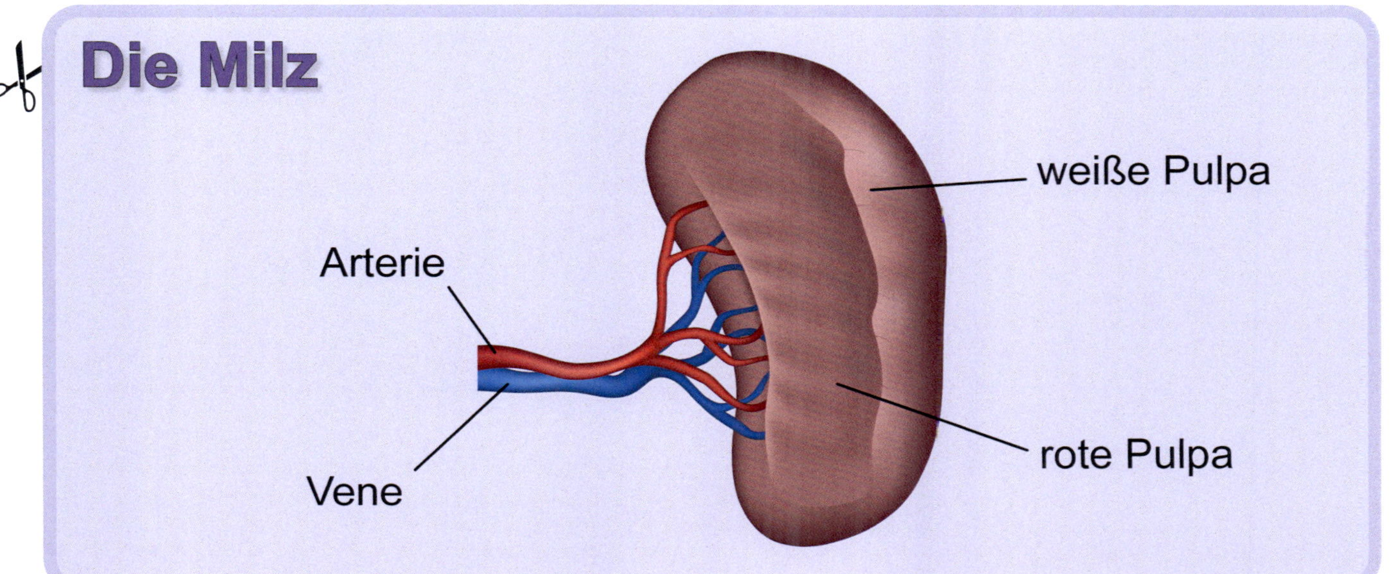

Der Blinddarm

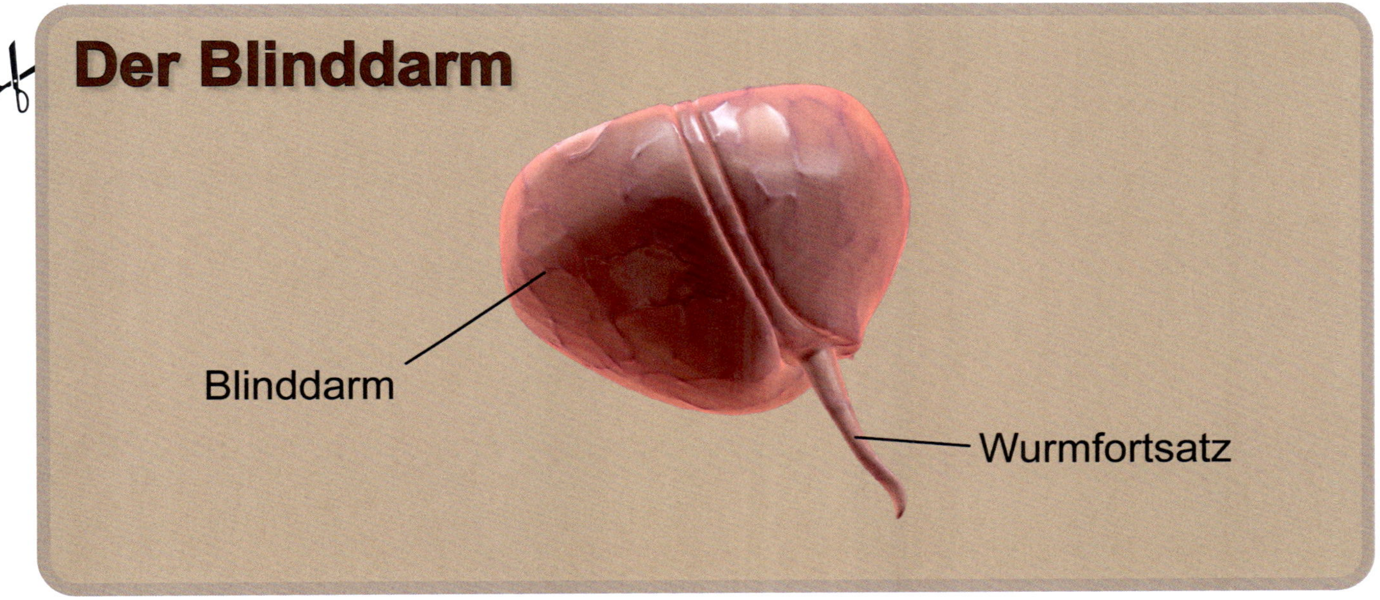

Der Enddarm

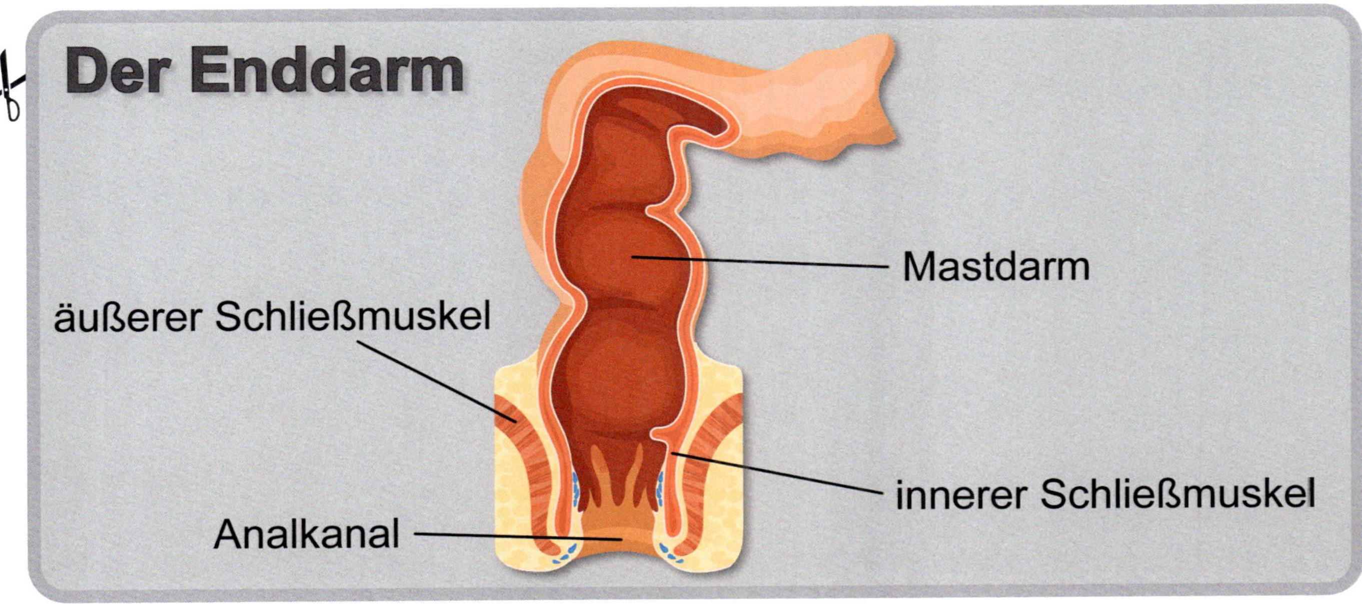

Infokarten

Die Milz befindet sich im Oberbauch unter dem linken Lungenflügel. Dieses schwammige Organ ist ca. 12 cm lang, 7 cm breit und 4 cm dick. Das Gewebe der Milz wird in zwei Abschnitte gegliedert: in die rote Pulpa und in die weiße Pulpa. Durch das Bindegewebe ist die Milz mit dem Magen, der linken Niere, dem Dickdarm und der Bauchspeicheldrüse verbunden. Über eine Arterie bekommt die Milz Blut vom Herz und „filtert" es.

Alte und beschädigte rote Blutkörperchen (Erythrozyten) werden hier aufgefrischt oder abgebaut. Danach fließt das aufgefrischte Blut über die Milzvene und Pfortader in die Leber.
Die Milz ist für die Abwehr gegen Viren und Keime verantwortlich, denn hier werden Abwehrstoffe produziert.
Sie dient zudem der Vermehrung von weißen Blutkörperchen (Lymphozyten) und gibt sie bei Bedarf an den Körper ab.

Der Blinddarm befindet sich bei uns rechts unten im Bauch. Es ist ein Teil des Dickdarms, der blind endet. Daher hat er seinen Namen. Der Blinddarm sieht sackartig aus und hat an seinem unteren bzw. blinden Ende einen Wurmfortsatz. Dieser ist ein wurmförmiger Anhang, etwa 8 cm lang und 6 mm breit. Zwischen Blinddarm und Wurmfortsatz liegt eine Schleimhautfalte.

Der Blinddarm mit dem Wurmfortsatz ist für unser Abwehrsystem wichtig. Er enthält viele Zellen des Lymphsystems und hilft dem Körper, Krankheitserreger zu bekämpfen. Hier befinden sich auch nützliche Bakterien. Im Falle einer Zerstörung der Bakterien im Darm (z. B. bei einem Infekt) verbreitet der Blinddarm neue Bakterien im Darm und baut somit wieder die Darmflora auf.

Der unterste kürzere Abschnitt des Dickdarms heißt Enddarm. Hier sammeln sich die unverdaulichen Nahrungsteile. Solche Teile kann unser Körper nicht aufnehmen bzw. verwerten. Der Enddarm liegt im kleinen Becken. Seine Länge beträgt 15 bis 20 cm. Er besteht aus dem Mastdarm und dem Analkanal (After), die voneinander durch einen Schließmuskel abgetrennt sind. Der Mastdarm ist ca. 12 bis 15 cm lang. Hier wird der eingedickte Kot bis zur Entleerung gespeichert. Der Analkanal ist 3 bis 6 cm lang und ist durch zwei Ringmuskeln verschlossen.
Beide Teile des Enddarms regeln die Fähigkeit, den Kot zurückzuhalten.
Beim Toilettengang wird der feste Kot im Enddarm durch den Analkanal ausgeschieden. Zwischen dem Moment der Essensaufnahme und der Ausscheidung des Kots dauert es etwa 30 bis 35 Stunden.

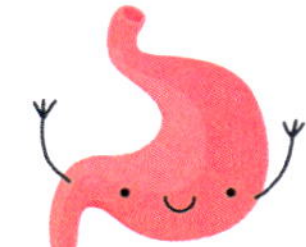

Infokarten

Die Blase

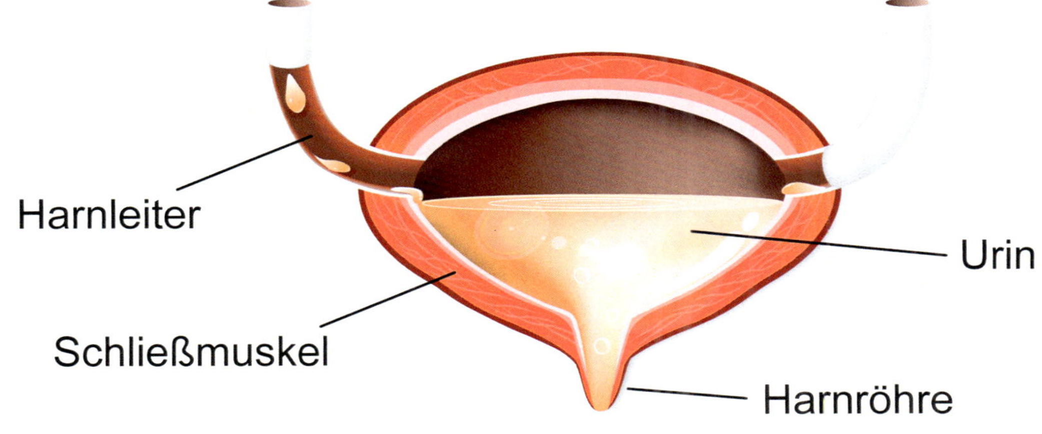

Die Bauchspeicheldrüse

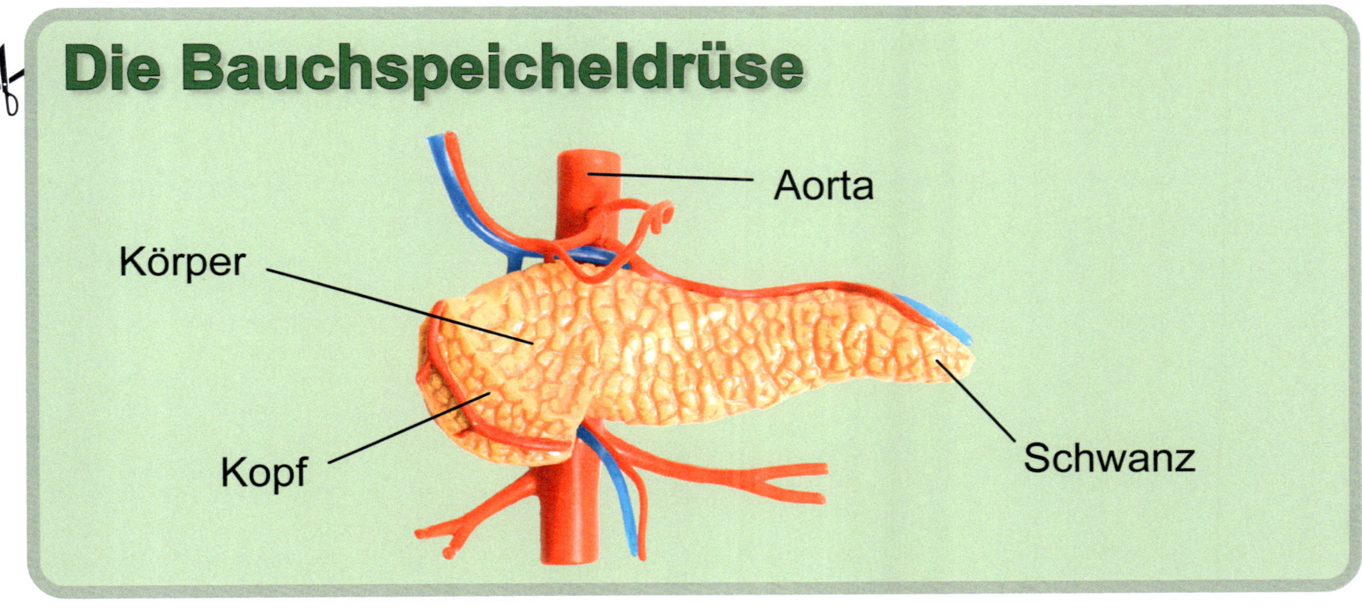

KOHL VERLAG
Der menschliche Körper
Die Organe – Bestell-Nr. 15 077

Infokarten

Die Harnblase hat eine kugelige Form. Wenn sie mit Urin gefüllt ist, hat sie die Form einer Birne. Unsere Blase besteht aus drei Teilen: den Blasenscheitel oben, den Blasenkörper in der Mitte und den Blasengrund unten. Im Blasenscheitel münden zwei Harnleiter, die den Urin in den Blasenkörper leiten. Die Harnblase ist ein Hohlorgan in unserem Becken. Ihre Wand besteht aus Muskeln. Ununterbrochen bekommt sie Harn aus den Nieren. Sie speichert den Harn und ermöglicht uns so, das Wasser nur willentlich, also ungefähr 4 bis 7-mal am Tag zu lassen.
Die Füllmenge der Blase entspricht 250–500 ml bei Frauen und bei Männern 350–500 ml. Schon beim Füllstand von etwa 200 ml bekommt man Harndrang. Die Blase kann sich dehnen und so im Extremfall bis zu 1 Liter Urin aufnehmen. Normal fasst sie aber ca. 300–400 ml.

Die Bauchspeicheldrüse (Pankreas) liegt quer im Oberbauch hinter dem Magen zwischen Milz und Zwölffingerdarm. Sie ist ungefähr 15 cm lang. Die Bauchspeicheldrüse gliedert sich in 3 Teile: in Kopf, Körper und Schwanz. Der größte Teil ist der Pankreas-Kopf. Er liegt neben der Wirbelsäule und schmiegt sich eng an den Bogen des Zwölffingerdarmes.
Die Bauchspeicheldrüse bildet einen Saft, den wir für unsere Verdauung brauchen. Im Zwölffingerdarm spaltet er Eiweiße, Kohlenhydrate und Fette auf. Erst nach der Aufspaltung gelangen die Nährstoffe ins Blut und können vom Körper verwertet werden. Eine andere Aufgabe der Bauchspeicheldrüse ist die Herstellung der Hormone Insulin und Glukagon. Diese Hormone sind lebenswichtig, da sie die Menge des Zuckers in unserem Blut regeln.